Georg Friedrich Lisch

Die norddeutschen Landfrieden

Zur Zeit Albrecht des Zweiten, Herzog von Mecklenburg

Verlag
der
Wissenschaften

Georg Friedrich Lisch

Die norddeutschen Landfrieden

Zur Zeit Albrecht des Zweiten, Herzog von Mecklenburg

ISBN/EAN: 9783957008350

Auflage: 1

Erscheinungsjahr: 2016

Erscheinungsort: Norderstedt, Deutschland

@ Verlag der Wissenschaften GmbH & Co KG. Alle Rechte beim Verlag und bei den jeweiligen Lizenzgebern.

Verlag
der
Wissenschaften

ALBRECHT DER ZWEITE,

HERZOG VON MEKLENBURG,

UND

DIE NORDDEUTSCHEN LANDFRIEDEN,

EIN

URKUNDLICHER GESCHICHTLICHER VERSUCH

BEI

DER JUBELFEIER DER VOLLENDETEN FUNFZIGJÄHRIGEN
REGIERUNG

DES ALLERDURCHLAUCHTIGSTEN GROSSHERZOGS

FRIEDERICH FRANZ

VON MEKLENBURG-SCHWERIN

AM **24.** APRIL **1835**

HERAUSGEGEBEN

VON

G. C. F. LISCH,

GROSSHERZOGL. ARCHIVAR, MITGLIEDE DES MEKLENBURGSCHEN
UND POMMERSCHEN VEREINS FÜR GESCHICHTE.

SCHWERIN,
IM VERLAGE DER KÜRSCHNERSCHEN BUCHHANDLUNG.

BERLIN,
IN COMMISSION BEI C. F. PLAHN.

———

1835.

Was dem Menschen Gutes geschehen ist, sucht er durch Treue zu vergelten und durch Dankbarkeit, der edlen Mutter edles Kind, zu bewahren und zu pflegen. Eben weil diese Tugenden edel sind, wirken sie still in dem Herzen der Menschen, schlingen unbemerkbare, aber unauflösliche Bande und verketten den Menschen mit dem Menschen, Geschlecht mit Geschlecht. War aber ein Mensch Wohlthäter eines Volks, so kann es diesem, da es ein öffentliches Leben führt, nicht verargt werden, wenn es die stillen Tugenden laut ausspricht, noch nach Jahrhunderten den Wohlthäter segnet und den Segen auf seine Nachkommen herabwünscht. Daher mag es den Meklenburgern auch in diesem festlichen Jahre vergönnt sein, mit Liebe und Bewunderung den Mann zu preisen, welcher *vor fünf hundert Jahren während einer funfzigjährigen Regierung* sein Volk beglückte und viel guten Samen ausstreute, dessen Frucht wir noch heute geniessen. *Albrecht II. von Meklenburg* war dieser Mann, dem wir den ehrenden Beinamen des *Grossen* nicht versagen sollten, wenn wir diesen überhaupt den Helden der Geschichte beilegen, und die Grösse eines Fürsten nicht von der Grösse seines Reiches abhängig machen wollen [1]).

Der Geist des deutschen Mittelalters mit seinen Grössen und Schwächen offenbarte sich auch in Meklenburg, obgleich dieses erst vor kurzem germanisirt war; er zeigt sich hier am deutlichsten im dreizehnten und vierzehnten Jahrhundert unter den Fürsten: *Heinrich I. dem Pilger*, *Heinrich II. dem Löwen* und *Albrecht II. dem Grossen*. Diese drei haben unter den meklenburgischen Fürsten des Mittelalters den meisten Ruhm, und jeder von ihnen hat seine Verehrer gefunden, je nach der Geistesverwandschaft zwischen diesen einzelnen Fürsten und ihren Anhängern. *Heinrich I. der Pilger* nimmt das Gemüth lebendig in Anspruch durch seine religiöse Begeisterung, seine Duldung und seine Leiden: er ist der *Repräsentant des Glaubens*; aber dem Lande konnte er, von der verderblichen Kreuzzugsschwärmerei seiner Zeit befangen, nicht viel nützen. *Heinrich II.*, *der Löwe* genannt, versetzt den jugendlichen Uebermuth in ein freudiges Staunen; er ist der ritterliche Degen des Turniers, der kräftige und gewandte Mann:

---

[1]) Albrechts Vater, Heinrich der Löwe, starb am 22. Jan. 1329 und Albrecht regierte bis zum 19. Febr. 1379, *besass also den Thron länger als funfzig Jahre*. Zwar hatte sein Vater für die ersten Jahre der Regierung seines Sohnes eine Vormundschaft angeordnet; dieser scheint aber früher selbstständig aufgetreten zu sein, als bisher in den Geschichtsbüchern angenommen ist. Die Untersuchung über diesen Gegenstand muss einer ausführlichen urkundlichen Untersuchung überlassen bleiben; aber so viel ist doch gewiss, dass Albrecht länger als funfzig Jahre den Thron besass, dass er unter eigenem Namen und Siegel, und nur mit Rath seiner Mannen, bald nach seines Vaters Tode Verträge schloss, dagegen in einer Mirowschen Urkunde von 1337 im Berliner Archive im Namen seines *Bruders „Johannes, de noch unmundich ist"*, redet. — Interessant möchte es noch sein, dass *Albrecht im April* 1335, also gerade vor *fünfhundert Jahren seine königliche Braut Eufemia heimführte.*

immer gerüstet, immer im Felde, in Glück und Unglück beharrlich das Schwert schwingend, giebt er uns ein *Bild des kriegerischen Muthes*: er will erkämpfen, was sich nur durch Ausdauer und Liebe gewinnen lässt; aber er hat sein Land zerrüttet, in Zwietracht und Schulden versenkt und dem Volke Wunden geschlagen, welche nur ein grosser Arzt heilen konnte. Und dieser war *Albrecht II.*, „eines grossen Vaters grösserer Sohn", *der Mann des Rechts*. Mächtig, geachtet, gefürchtet und geliebt innerhalb und ausserhalb seines Staates, hat er das jetzige Meklenburg politisch geschaffen. Er war es, der die Erhebung der meklenburgischen Fürsten zu unmittelbaren deutschen Reichsfürsten und Herzogen bewirkte und durch sein Ansehn und seine Würde sie in die Reihe der ersten deutschen Fürsten stellte; der das alte Fürstenthum Meklenburg durch Erwerbung wichtiger Bestandtheile zu einem wohlgeordneten Ganzen mit abgerundeten Gränzen gestaltete; der die jüngst erworbene Herrschaft Stargard, das jetzige Grossherzogthum Strelitz, seinem Bruder, dem Herzoge Johann, abtrat, gewiss einsehend, dass diese Herrschaft geographisch am bequemsten und vortheilhaftesten einen eignen Landestheil bilden könne; der Schwerin zur Residenz und die Linie zu Schwerin zur ersten des Herzogshauses erhob; der eben durch die Erwerbungen und Abrundungen ein kräftiges Beispiel zur Aufhebung der verderblichen Theilungen und Zerstückelungen des Landes gab; dessen Sohn die schwedische Königskrone trug und dessen Enkel Erbe zu Dänemark war. Doch so wichtig und einflussreich auf Meklenburg die politischen Handlungen Albrechts auch bis auf den heutigen Tag gewesen sind, so hat er doch noch Grösseres gethan durch Beförderung der Ordnung und Sittlichkeit, des Verkehrs und Wohlstandes und durch gewissenhafte Handhabung des Rechts, und dabei mittelbar und unmittelbar durch die *Ausbildung der Ritterschaft und des Städtewesens.* Ein Vorwurf wird zuweilen dem Leben Albrechts gemacht, den man aber bei genauer Beleuchtung unbegründet finden wird: dass er dem Luxenburger Kaiser Carl IV. folgte und den falschen Waldemar von Brandenburg anerkannte. Aber im ganzen Mittelalter gilt in Deutschland der politische Grundsatz: „Wer die Krone trägt, ist König"[1]). Daher folgt Albrecht, bei seinem grossen Rechtssinne, mit Beharrlichkeit zuerst Ludwig von Baiern und dann Carl IV., ohne sich um Wahlumtriebe und Partheiungen im deutschen Reiche zu kümmern; und daher konnte Albrecht folgerechter Weise nicht umhin, den falschen Waldemar anzuerkennen, als der Kaiser versicherte: „Die Verwandten und Anhänger des Anhaltini- „schen Hauses hätten durch einen Eid bekräftigt, der er- „schienene Waldemar sei kein Anderer, als der wahrhafte „und rechtmässige Markgraf dieses Namens." Albrecht hätte am meisten Ursache gehabt, die Feinde Waldemars, welche seine Nachbaren und die alten Feinde seines Hauses waren, zu fürchten, wie es wohl bei seinen werleschen

---

[1]) Die düdeschen solen durch recht den *könig kiesen. Svenne die gewiet wert* von den bischopen, die dar to gesat sin, vnde vppe den stul to Aken kumt, so heuet he *koninglike walt vnde koningliken namen.* Sachssp. III., 52, §. 1. — Ny en wurt grosser missethat, wan daz man an dem *riche* thut. *Kl. Kaisserr.* III., 7. — So denkt und handelt auch der rechtlich gesinnte *Walther von der Vogelweide,* welchen man als einen ächten Repräsentanten des Mittelalters ansehen kann, z. B.

swer nû des riches irre gê,
der schouwe, wem *der weise* ob sîme nacke stê;
der stein (in der Kaiserkrone) ist aller fürsten leitesterne.
Walther ed. Lachmann, 19, 2.

Vergl. dazu Lachmann S. 133: Das schwanken der politischen ansicht unsers dichters ist nur scheinbar. *Der echte könig ist ihm, der die königskrone auf dem haupte trägt.*

Vettern der Fall war; doch Albrechts Politik war keine wankelmüthige[1]). Das persönliche Verfahren des gewandten Kaisers Carl IV. mag schlau und missfällig sein; dadurch ist aber nicht das Benehmen der Fürsten verwerflich, welche zu ihm, als deutschem Könige und Kaiser, in rechtlichen Verhältnissen standen, und, unbekümmert um Persönlichkeiten, der Würde des Kaisers und dem Recht gehorchten.

Besteht das segensreiche Wirken eines Fürsten darin, dass er jedes historische Element des Staates nach Recht und Gebühr behandelt und ausbildet, und die Wohlfahrt des Landes mehrt, wo er kann, so gebührt Albrecht II. hohes Fürstenlob, um so mehr, da er unwandelbar bis an sein Ende für das Beste seines Landes sorgte. Unter ihm verschwinden die Partheien und Fehden; Ordnung und Sitte, Wohlstand und Sicherheit des Handels und Verkehrs kehren wieder und mehren sich; Recht und Gerechtigkeit herrschen überall. Einer der mächtigsten Hebel, welche so Grosses aufbrachten, war der *Landfriede*, für welchen Albrecht vor allen Dingen mit beispielloser Thätigkeit wirkte. Und diese Sorge in einem Theile zu beleuchten, ist der Gegenstand dieser Zeilen.

Es ist in den neuesten Zeiten durch Quellen-Studium zur Gewissheit geworden, dass über die Verfassung des deutschen Mittelalters in sehr vielen Stücken grosse Irrthümer obwalten, Irrthümer, welche oft durch willkührliche und phantastische Interpretationen einzelner Begriffe entstanden, und, bei Vernachlässigung der Urkunden, von einer sogenannten Geschichte in die an-

---

[1]) Will man auf Unkosten der Politik Albrechts denselben gegen Heinrich den Löwen herabsetzen, so bedenke man doch, dass Heinrich die Parthei der werlschen Vatermörder ergriff, wohl die schlechteste Parthei, die jemand nehmen konnte und die sich mit nichts entschuldigen lässt.

dere gewandert, aber noch lange nicht alle aufgeklärt sind und erst nach und nach durch das genaueste Quellenstudium über Einzelnheiten aufgeklärt werden können. Ja man ist so weit gegangen, das *ganze* Mittelalter mit dem Begriffe des *Faustrechts*, und die Zeit, wo dasselbe geherrscht haben soll, als eine Zeit der rohesten Barbarei zu bezeichnen. Ist es schon an und für sich nicht glaublich, dass mehrere Jahrhunderte *ganz* in Roheit versunken sein können; dass eine Zeit, in welcher die Baukunst riesenmässige und geistreiche Werke ausführte, wo die Dichtkunst alle ihre Lieblichkeit und Ruhe entfaltete, die deutschen Fürsten eines seltenen Ansehens genossen, das bürgerliche Leben so reich und geregelt, das eigenthümliche Recht in Satzung und Anwendung so ausgebildet war: ist es unglaublich, dass eine solche Zeit eine durchaus rechtlose und gewaltthätige war, so wird man sich noch mehr von der Unrichtigkeit der herrschenden Vorstellung vom sogenannten Faustrecht überzeugen, wenn man die Quellen betrachtet, aus welchen diese Vorstellung wahrscheinlich geflossen ist[1]). Diese sind das *Waffenrecht* und die *Ausbildung der Verfassung der Städte und der Ritterschaft*.

---

[1]) Viel eher könnte man die gewaltthätigen letzten fünfzig Jahre unserer Zeit, auf deren Civilisation wir trotzen, die Zeiten des europäischen Faustrechts nennen, wenn man es überhaupt wagen dürfte, mit Einem Worte über ein Jahrhundert zu richten. Hiebei liesse sich auch bemerken, dass man häufig bei Bearbeitung der früheren Geschichte dadurch einen *grossen Fehler* begeht, dass man *die Thaten und das Leben ganzer Epochen in wenig Zeilen zusammendrängt* und über grosse Zeiträume als über Einen Moment und ein in allen Theilen ähnliches Ganzes aburtheilt, und die Sache auf sich beruhen lässt, wenn man ein sogenanntes philosophisches Urtheil gewonnen hat, was freilich ohne Mühe geschehen kann. Im Gegensatze hievon hält man selbst einige Tage der neuern Zeiten für wichtig genug, ihre Geschichte zu schreiben und ihnen einen besondern Charakter und besondere Wirkungen beizulegen!

Das *Waffenrecht* war „die Befugniss, im Reichsheer „und im Landsturme zu dienen, sein Recht gegen unrecht„mässigen Angriff in rechtmässiger offener Fehde zu ver„theidigen und zu verfolgen, und Ehre, Leib und Erbe im „Kampfgerichte gegen Genossen zu vertreten" (Eichhorn D. St. u. RG. §. 547). Es war ein *Recht*, ein altes verfassungsmässiges, welches aber gewiss nicht immer und so oft gebraucht und gemissbraucht ward, als man annehmen zu müssen glaubt, weil die Menschen wohl immer den Frieden und das Leben geliebt haben und weil sonst die vielen, im Mittelalter noch lebendigen und wirksamen, und so sehr ansprechenden Austräge, Compromisse, Friedensgerichte u. s. w. lächerlich und deren Wirkungen unwahr gewesen wären. Daraus, dass die Befugniss der Waffenführung existirte, folgt noch nicht, dass man sich in allen Rechtsstreitigkeiten der Waffen statt des Rechts bediente, welches sich immer lebendiger ausbildete. Dasselbe Waffenrecht wird für den privatrechtlichen Theil der Befugniss heute fast in denselben Kreisen geübt, in denen es im Mittelalter galt, freilich aber nicht immer als öffentliches Recht, sondern vielmehr oft als Eigenhülfe. Dies ist im Gebrauch der Waffen im Privatleben der bedeutendste Unterschied zwischen sonst und jetzt, der Form nach ein bedeutender, der Sache nach ein unbedeutender. Eine natürliche Folge des Waffenrechts war es freilich, dass innerhalb des deutschen Reiches früher öfter als in neuern Zeiten Privatfehden entstanden; statt derselben haben wir jetzt stehende Heere und europäische Kriege, seitdem sich die grossen Monarchien gebildet haben und Deutschland zum bequemsten Schlachtfeld ausersehen ist[1]). Und wo ist in Europa ein Land von

---

[1]) *Grimm* in seinen *deutschen Rechtsalterthümern*, Vorrede S. XV. spricht über die Vorurtheile gegen das Mittelalter so treffend,

einiger Ausdehnung, in welchem in der neueren Zeit nicht
Fehden, oder, wie wir sagen, Revolutionen und Bürgerkriege
gewüthet hätten? — Dass *im Mittelalter Eigenhülfe schärfer
verfolgt und strenger bestraft* ward und wir dadurch zur
Kunde der einzelnen Rechtsverletzungen gekommen sind, ist

---

dass ich es mir nicht versagen kann, einige Stellen daraus mitzutheilen:
„Est ist wahr, dass in manchen Bestimmungen eine derbe, heidnische ansicht waltet, die den gemilderten sitten der nachwelt anstoss giebt, eine grausamkeit, die unser gefühl versehrt, allein das braucht nicht gerade deutsche oder nordische barbarei zu heissen, da wir ihr allerwärts, selbst bei Griechen und Römern begegnen. Die Griechen und Römer waren nur gegen ihr eignes alterthum duldsamer, als wir gegen das unsere, sie suchten ihm geistige triebfedern unterzulegen und es zu erheben, nicht zu erniedrigen. — — Unser zeitalter lernt wohl sitten und werke fremder völker erklären, kaum aber die seiner nahen heimath. Unanständigkeiten, die es in griechischen oder lateinischen dichtungen erträgt, würde es in denen unsers mittelalters unleidlich finden. — — Wer ohne empört zu sein, kann Adelungs schilderung der ältesten Deutschen lesen? Nicht besser verfahren gelehrte beurtheiler des mittelalters. Was hilft es, dass nun die gedichte herausgegeben sind, die uns das beseelte, frohe leben jener zeit in hundert sinnigen und rührenden schilderungen darstellen? Des *geredes über faustrecht und feudalismus* wird doch kein ende; es ist, als ob die gegenwart gar kein elend und unrecht zu dulden hätte oder neben den leiden der damaligen menschen gar keine freuden möglich gewesen wären. Hier bloss das rechtsverhältniss berührend, glaube ich: die hörigkeit und knechtschaft der vergangenheit war in vielem leichter und liebreicher, als das gedrückte dasein unserer bauern und fabriktagelöhner; unsere schmachvollen gefängnisse sind ärgere qual als die verstümmelnden leibesstrafen der vorzeit. Statt der persönlichen bussen des alterthums haben wir unbarmherzige strafen, statt seiner farbigen symbole stösse von acten, statt seines gerichts unter blauem himmel qualmende schreibstuben. — Eintöniger mattheit ist gewichen *die individuelle persönlichkeit*, die kräftige hausgewalt des alten rechts."
Doch man lese selbst!

kein Beweis, dass im Mittelalter *nur* Faustrecht gegolten habe. Was die *Ausbildung der Städte und der Ritterschaft* betrifft, so herrschen auch hierüber gewiss unrichtige Vorstellungen, indem man sie häufig für älter hält, als sie es in der That sind. Zwar existirten Adel und grössere Gemeinden seit alter Zeit in Deutschland, wie bei allen Völkern; aber die Ritterschaft und das Städtewesen im neueren Sinne entstanden erst später, als unter dem Kaiser Heinrich dem „Vogelsteller", der nur den Grund dazu legte. Die Ausbildung und Entwickelung erfolgte erst mit der Ausbildung der Landeshoheit im zwölften und dreizehnten Jahrhundert. Durch das Lehnwesen und das Kaiserthum war die Zahl der Ritter (milites), „die mit dem Blute dienten", bedeutend gewachsen; diese wollten einen Stand bilden und strebten darnach, Männer von Adel (nobiles) zu werden. — In den Städten herrschte zu irgend einer Zeit des Mittelalters einmal Zwietracht zwischen Rath und Bürgerschaft. In einer Zeit, wo so verschiedenartige Elemente in den Städten zusammenkamen, wo die Gemeinden grösser wurden, wo sie das Bedürfniss einer Verfassung fühlten, wo ihnen erst ein Recht gegeben wurde, konnte es nicht anders sein, als dass die verschiedenen Elemente der Städte und der Staaten: Landeshoheit, Ritterschaft und Bürgerschaft, im Werden und Bilden begriffen, unter sich und mit einander im Kampfe lagen, wie es bei jeder Fortbildung gefunden und nie aufhören wird. Aber dieser Kampf machte die ganze Zeit desselben nicht rechtlos, und man irrt sicher, wenn man sich überall in *ganz* Deutschland und im *ganzen* Mittelalter den ganzen „Adel" als raubend und brennend gegen das Land und alle Städte als im republikanischen Revolutionsstreite gegen die Landeshoheit begriffen denkt, wie es noch in neuern Geschichtswerken dargestellt wird. *In Meklenburg*

z. B. muss man gleich fast das halbe Jahrhundert der Regierung Albrechts im Allgemeinen von dem Vorwurf des Faustrechts befreien. Freilich waren einzelne Städte zuweilen sehr mächtig und in ihrem Glücke übermüthig; freilich fielen einzelne Gewaltthätigkeiten vor, wie sie zu allen Zeiten von Unzufriedenen und weiter Strebenden geübt werden; aber sie waren nicht Jahrhunderte lang allgemein, und die Kraft, mit der solche Ausschweifungen geahndet wurden[1]), war grösser, als zu einer andern Zeit; wer Unrecht that, litt Busse; Amnestie war unbekannt.

Am meisten hätte das „Faustrecht" in Meklenburg hervortreten müssen, als in dem Lande, welches erst im Mittelalter erobert, germanisirt und mit Rechten bewidmet war, wo ein slavischer Adel dem deutschen Adel, der deutschen Landeshoheit, den deutschen Städten gegenüber stand. Und doch findet man es bei genauerer Betrachtung ganz anders. Einzelne Mord- und Brandstiftungen kommen von Zeit zu Zeit vor; aber die Fürsten zogen dagegen mit Kraft zu Felde und mit ihnen stets der Kern des damaligen meklenburgischen Adels, wie die Aleun, Axecow, Barneeow, Beer, Bibow, Bülow, Dewitz, Lewetzow, Lühe, Lützow, Moltzan, Molteke, Plessen, Preen, Stralendorff, Zepelin u. A. Auch waren es in der Regel Ritter, welche im Lande das Recht verwalteten und schützten. Endlich sind die sogenannten Raubritter immer nur einzelne Erscheinungen, oft nur ein-

---

[1]) Ein fürchterliches Beispiel von der Strenge der Handhabung des Landfriedens findet sich in Datt de pace publica. Graf Dietrich von Wernigerode war Theilnehmer eines Landfriedens von 1385 und brach ihn dennoch, obgleich er Wächter desselben seyn sollte. Da lud ihn das Landfriedensgericht nach Goslar, wo ihn die übrigen Theilnehmer des Friedensbündnisses zum Strange verurtheilten, ihn auf der Stelle mit Schwertern und Messern niederstachen, den Leichnam am Pferdezaum hinausschleiften und dort aufhängten.

zelne in grossen Zeiträumen, welche sich nach Urkunden sogar leicht aufzählen lassen.

Kämpfe in den Städten finden sich in Meklenburg vorzüglich in Rostock und Wismar. Aber hier kann weder von republikanischer Gesinnung moderner Art, noch von einem ununterbrochenen Streben der ganzen Städte gegen alle andern Elemente des Staates durchgängig die Rede sein. Der unruhige Geist, der in den Städten allerdings zuweilen sich offenbarte, ging am häufigsten aus der Widersetzlichkeit der niedern Volksclasse gegen den Rath, nicht selten gegen das Recht hervor. Aber selbst zu Heinrichs des Löwen unruhvoller Zeit zeigte sich der gute Geist der Stadtverfassung z. B. Rostocks darin, dass sich die Rathsparthei und die Kaufmannschaft zu ihm hielt; gegen Albrecht haben sich die Städte nie rebellisch gezeigt, weil er sie zu behandeln wusste, und wie treu sie es mit ihrem Fürstenhause meinten, zeigten sie bald in ihrem hochherzigen Benehmen für die Befreiung des meklenburgischen Schwedenkönigs Albrecht. Kämpfe der ganzen Städte gegen die Fürsten fehlen freilich im Mittelalter nicht; oft aber waren auch diese Schuld an dem Missverhältniss mit jenen. Hatten doch die beiden Heinriche fast jede Gelegenheit ergriffen, Rostock und Wismar zu untergraben, statt ihrem Aufstreben Nahrung zu geben. Beide waren oft hart, selbst ungerecht gegen sie gewesen. Heinrich der Löwe ist daher unglücklich sein Leben lang. Seine Unternehmungen und Bündnisse gegen die raubenden Ritter fruchteten nichts, weil er selbst keine Ruhe hatte; sein Land ist arm, er selbst ist arm. Heinrich führte Kriege gegen die Städte, Albrecht verband sich mit ihnen für ihre Blüthe. Albrecht war der grosse Friedensstifter, der Gründer der Eintracht, der Ordnung, des Wohlstandes. Albrecht brachte im Mittelalter Norddeutschlands einmal eine reine Monarchie zu Stande und wehrte der Zerstückelung, welche alle Regung hemmt und alles Lebensblut stocken macht. Dabei that es Noth, dass er sich der wachsenden, gefährlichen Macht der Kurfürsten, namentlich solcher, wie der brandenburgschen, die immer feindselig gegen Meklenburg gesinnt gewesen waren, mit Nachdruck widersetzte und als Landesherr sich ihnen gleichstellte; denn seine Zeit war für die untergeordneten Fürsten gefährlich. Daher ging Albrechts Bemühen dahin, theils Eintracht und Ordnung im Innern zu gründen, theils alle nahe gelegenen Staaten fortwährend zu einem *grossen Bunde zur Aufrechthaltung des Rechts* und der Ordnung zu vereinigen, und auch die Städte in denselben hineinzuziehen, um durch ein höheres, allgemeines Interesse, welches er ihnen vor Augen stellte, der Entwickelung ihrer Kraft eine angemessene Richtung zu geben, und der Widersetzlichkeit einzelner Personen durch Verfolgung allgemeiner Zwecke zu begegnen. Dieses Bemühen zeigt sich vorzüglich in den *Landfrieden*, deren Stifter oder Theilnehmer er war.

Auch über die *Landfrieden* möchten unrichtige Vorstellungen verbreitet sein, indem man sie nicht selten für gewöhnliche Polizei-Ordnungen hält, welche, bei der fingirten Gewalt des Faustrechts, doch nicht befolgt worden seien; höchstens thut man ihnen die Ehre an, dass man in der Geschichte bemerkt, in diesem oder jenem Jahre sei ein Landfriede geschlossen worden. Die Gleichgültigkeit der Historiker gegen Landfriedensurkunden rührt vorzüglich daher, dass viele Urkunden für Landfrieden ausgegeben werden, welche es nicht sind. Man muss also die Landfrieden sorgsam ausscheiden. Zuerst sind die meisten *Waffenstillstandsschlüsse*, *Friedensschlüsse* und *Bündnisse* auszuschliessen, welche oft Aehnlichkeit mit Landfrieden haben, aber sich gewöhnlich nur um die Eine Thatsache drehen, welche verhandelt ist; diese Urkunden sind gewöhnlich nur der Einen historischen Begebenheit wegen merkwürdig. Dann muss man (mit *Schoenemann* Diplomatik II, 227 flgd. und *Eichhorn* D. St. u. R. G. §. 408) die *Landfrieden* scheiden in den *gemeinen* und in *die vertragsmässigen*. Jener, der gemeine Landfriede war „zu jeder Zeit gesetzlich" und das beständige Ziel der kaiserlichen Wirksamkeit für Deutschland. Er konnte daher, selbst ungeboten, vom Kaiser und allen seinen Stellvertretern gehandhabt werden, so lange die schon bestehenden Rechtsgrundsätze geachtet wurden. Der gemeine Landfriede ist gewöhnlich nichts weiter, als Bestärkung des gemeinen Rechts zur Unterstützung der richterlichen Gewalt. Die *vertragsmässigen Landfrieden* dagegen sind *ausserordentliche Constitutionen*, welche nicht allein das gemeine Recht schützen, sondern in schwankenden und schweren Zeiten durch ausserordentliche Maassregeln das Wohl des Reichs und seiner einzelnen Theile aufrecht erhalten, oder überhaupt einen herrschenden Rechtszustand, selbst bei geringen Störungen, begründen, oder endlich eine neue Rechtsverfassung einführen sollten [1]. Sie gehören zu den *Urkunden des Staats- und Völkerrechts* und sind durch ihren besondern rechtlichen Inhalt oft sehr anziehend und unterrichtend. Man könnte die Landfrieden selbst zum Beweise eines herrschenden rechtlosen Zustandes gebrauchen wollen und sagen: dass Landfrieden geschlossen wurden, deutet

---

[1] Daher heisst es im Lübecker Landfrieden von 1353:
en iewelick user mau seal sik nogen laten an rechte vor sinen heren; *weme dar nich an noghede* unde darbauen rouede, etc. —, *dem seole wy heren unde wy stede volghen.*
und in einer andern ungedruckten Urkunde, wie häufig:
vnusquisque in terra sua gaudeat suis iuribus antiquitus obseruatis, nisi alio iure uti debeat forsitan ex aliqua gracia speciali.

darauf hin, dass ihre Zeit eine rechtlose war; denn sonst
wären sie unnöthig gewesen. Dagegen lässt sich aber mit
Recht sagen, dass bei dieser Ansicht zu jeder Zeit jedes
Criminal- und Polizei-Gesetz Zeuge eines faustrechtlichen
Zustandes sein müsse. Die Landfrieden können nur als
Beweis dafür dienen, dass man kein Unrecht dulden wollte
und einen bedeutendern Kraftaufwand für die Vertilgung
desselben machte, als jetzt geschieht oder nöthig ist.

Ursprünglich waren auch die ausserordentlichen Landfrieden Urkunden der kaiserlichen Gewalt. Die erste Constitution dieser Art scheint die von Kaiser Friedrich II.
d. d. Mainz 1235 zu sein, welche auch in Hinsicht der
Rechtmässigkeit und der Veranlassung der Landfrieden
belehrend ist, indem sie darlegt, dass die Handhabung des
Privatrechts Sache der einzelnen Gemeinden, die Bewa-
chung des allgemeinen Friedens ursprünglich Recht und
Pflicht der kaiserlichen Gewalt sei, in diesen Worten:

Ex his enim precipue munitur auctoritas imperantis, tum
in obseruancia pacis, tum in executione justitie; — —
licet per totam Germaniam vivant (pax et justitia) in
causis et negotiis privatorum consuetudinibus antiquitus
traditis et jure non scripto; — — quia tamen *ardua
quaedam, quae* aequalem statum et *tranquillitatem imperii
reformabant, non fuerant specialiter introducta*, quorum
partem aliquam si quem casus trahebat in causa ficta
magis opinio, quam statuti juris aut obtenta contradic-
torio iudicio consuetudinis sententia terminabat, — —
constitutiones quasdam certis capitulis comprehensas *pre-
sentibus principibus nobilibus pluribus et aliis fidelibus fe-
cimus promulgari.*

Vgl. Schoenemanns Cod. dipl. II, 285, flgd. und
desselben Diplomatik I, 500, flgd.

Seit dieser Zeit wurden die kaiserlichen Landfrieden öfter wiederholt und gehandhabt, namentlich unter Rudolph von Habsburg 1287, bis es endlich Maximilian I. 1495 gelang, dem allgemeinen Landfrieden Dauer und Achtung zu verschaffen.

Neben dieser Gewalt des Kaisers hatten aber auch die Freien und die Gemeinschaften der Freien das *Einigungsrecht*, d. h. das Recht, sich zur Erreichung und Beförderung ihres Wohls mit einander zu verbinden. Diese Einigungsberechtigten schlossen auch oft, jedoch mit kaiserlicher Bewilligung, Privatlandfrieden und Bündnisse, welche nicht selten Jahrhunderte lang von der grössten Wichtigkeit gewesen und Veranlassung zu welthistorischen Erscheinungen geworden sind, wie der Hansa, des rheinischen Städtebundes, der Eidgenossenschaft, u. a. Vgl. *Eichhorns* D. St. u. R. G. §. 546 u. 596.

Während diese letzern Einigungen sich mehr an den Grenzen Deutschlands und an den grossen Strassen des Welthandels zur Beförderung und Sicherung des freien Verkehrs bildeten, und nach und nach mehr eine merkantile oder rein politische Gestalt annahmen, entstanden *im Innern Deutschlands* mehrere Versuche, durch grosse, *vertragsmässige Landfriedensbündnisse* (*Allianzen* und *Congresse* im neuern Sinne) die Ordnung und den Rechtszustand *zu schützen* und aufrecht zu erhalten. Und hierin spielt unser *Albrecht II.* eine grosse Rolle [1]). Um jedoch seine Bemühungen klarer zu erkennen, ist es nöthig, zuvor einige der bekanntern *Landfrieden des westlichen Norddeutschlands*

---

[1]) Die Landfrieden, Haupturkunden der Sittengeschichte des Mittelalters, sind noch lange nicht genug beachtet. Selbst in *Leo's* Geschichte des Mittelalters ist, nach seinem Rec., auch des Kaisers Carl IV. „so wichtigen und heilsamen Sorge für Erhaltung des Land-„friedens gar nicht gedacht".

aus dem 14. Jahrhundert in wenig Zügen von einander zu scheiden¹). Die bedeutendsten sind: Der *thüringsche Landfriede* von 1338²), welcher sich unter Obhut des Landgrafen von Thüringen über das ganze Thüringerland erstreckte. Ferner: der *Magdeburger Landfriede*, Mittwoch nach Quasimodogeniti 1363, durch den Erzbischof Dieterich über die Dienstleute und Mannen des Erzbisthums und die Städte zwischen der Bode und Elbe³). Im Jahre 1383 dehnte Erzbischof Albert das Bündniss aus durch eine Einigung mit dem Churfürsten von Sachsen, dem Landgrafen von Thüringen und den Markgrafen von Meissen. *Dreyhaupt* a. a. O. I., 90. — Ferner: Der *westphälische Landfriede*, am Catharinen-Tage 1371 geschlossen⁴). Dieser Landfriede gewann eine sehr bedeutende Ausdehnung, worüber zahlreiche Urkunden in *Haeberlin* Analecta p. 519 flgd. und *Erhard* a. a. O. gedruckt, und noch ungedruckt in Archiven vorhanden sind. Nachdem Kaiser Wenceslaus 1387 diesen Landfrieden aufgehoben hatte⁵), ward dennoch 1393 durch den Erzbischof Conrad von Mainz derselbe für Westphalen, Thüringen, Meissen, Braunschweig und Hessen in grosser Ausdehnung wieder erneuert⁶). Diese Landfrieden sind es vorzüglich, welche das nordwestliche Deutschland im vierzehnten Jahrhundert zur Einheit des Rechtszustandes brachten.

---

¹) Ueber die *oberdeutschen Landfrieden* existirt ein eignes ausführliches, tüchtiges Werk: *Datt de pace publica*.
²) Gedruckt in:
Mittheilungen zur Geschichte der Landfrieden in Teutschland. Nach Urkunden dargestellt von Dr. H. A. *Erhard*. Erfurt 1829.
³) Vergl. *Dreyhaupt's* Beschreibung des Saal-Creyses. 1755. T. I., S. 76.
⁴) Gedruckt in *Ludwig* Reliquiae Mscr. X., 239.
⁵) Vergl. in *Haeberlin* Analecta p. 374.
⁶) Vergl. *von Ledebur's* Allgem. Archiv, VI., 323.

Diese Landfrieden und unzählige kleinere Bündniss- und Beitrittsurkunden haben das Eigenthümliche und Gemeinsame, dass sie in der Regel *kaiserliche Bewilligung* voraussetzen oder aussprechen[1]), oder kaiserliche Bestätigung empfangen haben, — ferner dass sie *Landfriedensrichter* einsetzen, welche *im Namen des Kaisers* Recht sprechen.

Eine *andere* Fassung haben dagegen die *Landfrieden des nordöstlichen Deutschlands*: sie sind selbstständiger. Wie überhaupt der eigenthümliche Charakter der Bewohner dieses Theiles von Deutschland, der Niedersachsen „plattdeutscher" Zunge, in einer gewissen kräftigen und einsichtsvollen Ruhe und Beharrlichkeit bei Selbstthätigkeit und Streben nach Unabhängigkeit besteht und immer bestanden hat, so thun auch die Landfrieden und andere Bündnisse diese Eigenthümlichkeit kund. Hier ist *nicht*

---

[1]) So steht in den westphälischen Urkunden, dass gerichtet werden solle nach:
„recht und gnade, dye unser herre der keyser dem lande zcu Westfalin gegehin hait." *Haeberlin* Anal. p. 331.
in dem
„lantfride czu Westfalen, den der allirdurchluchtigiste furste unser herre Keyser Karl der virde gegebin, gesatzt und geboten hat" u. s. w. *Erhard* a. a. O. S. 39.
ferner:
„und unsz nun unser gnaediger herr Kayser Karl die genad erzeigt und getan hat, durch frides und gemachs willen, dasz wir unsz zesamen verbinden und versprechen muegen." *Datt* de P. P. 96.
So sagt König Wenceslaus in einer Bestätigungs-Urkunde von 1385:
„gancze kraft und macht, alle sachen zu richten von unsern und des Reichs wegen, nach begriffe und gewonheit des lantfrides zu Westfalen." *Erhard* a. a. O. 39.
und nach der goldenen Bulle Sigismunds von 1431:
„dasz hinfür nyemand, wer der sey, einich bündtnuss oder einung machen oder angehen solle, ohne dess richs wissen, gunst, vrlob und willen." *Datt* a. a. O. 97.

von *Bestellung* von *Landfriedensrichtern die Rede*; vielmehr verbinden sich die Theilnehmer, mit gleichen Pflichten und Rechten, jeder in seinem Kreise und für den Andern, persönlich die Ausführung der Constitution zu übernehmen. Sie geben im Landfrieden Criminal- und Staatsgesetze aus eigner Landeshoheit und verbinden sich, gegen jeden zu Felde zu ziehen, der gegen den von ihnen gebotenen Frieden handeln oder wegen des Abschlusses gegen sie etwas haben sollte, gedenken dabei des Kaisers höchstens nur insoferne, als sie „Kaiser und Reich" von ihren etwanigen Gegnern ausnehmen in Formeln, wie: Hir neme wi ut dat hilghe romessche rike; oder: ane up unsen heren den keyser; oder: hir neme wi ut unsen heren den keyser[1]). Ja es sind grosse Landfrieden vorhanden, in welchen des Kaisers und des Reichs mit keiner Sylbe erwähnt ist, wie in dem *d. d. Beggerow* 1361; namentlich scheinen die meklenburgischen Fürsten auf diese Weise ihr politisches Autonomierecht bewahrt zu haben, selbst nachdem sie Herzoge und deutsche Reichsfürsten geworden waren und daher ihre frühere unabhängige wendische Fürsten- oder Königswürde nicht mehr geltend machen konnten.

Um die *Landfrieden im nordöstlichen Deutschland* hat sich nun unser *Albrecht II.* besonders verdient gemacht, so dass man ihn mit Fug und Recht den *Landfriedensstifter* nennen kann. Zwar giebt es im 14. Jahrhundert wohl keine Macht, welche nicht nach einer Seite hin einem Landfrieden beigetreten wäre; aber es wird während Albrechts Regierung im nordöstlichen Deutschland kaum

---

[1]) Damit genügten sie schon den allgemeinen sächsischen Rechtsgrundsätzen:
Svar herren mit eiden sik to samene sekeret, se ne besceiden dat rike dar buten, so hebbet se weder dem rike gedan. *Sachssp.* II, 1.

ein Landfriede geschlossen, dessen Theilnehmer und Hauptstütze er nicht gewesen wäre, so dass man sicher annehmen kann, er sei bei seinem grossen politischen Ansehen die *Haupttriebfeder* dazu gewesen. Viele Herren und Städte waren zuweilen ohne Landfriedensbündnisse; aber kein bedeutender allgemeiner Landfriede in und an Meklenburg ohne Albrecht.

In Meklenburg finden wir schon frühe Vereinigungen zur Aufrechthaltung des Landfriedens, welche mit den bekannten Bemühungen Rudolphs von Habsburg in Verbindung zu stehen scheinen. Vorzüglich tritt als erste Verbindung dieser Art hier der *Rostocker Landfriede von 1285* hervor, der bald eine grosse Ausbreitung gewann. Schon in den Urkunden dieser Einigung fehlt die Einwirkung des Kaisers, wie auch *Giesebrecht*[1]) richtig bemerkt hat. Jedoch waren die Landfrieden dieser Art und in dieser Zeit mehr Schutz- und Trutzbündnisse gegen drückende Nachbaren, namentlich gegen die Markgrafen von Brandenburg; auch unter den beiden Heinrichen von Meklenburg sind, bei den mannigfachen Fehden derselben gegen ihre verschiedenen Nachbaren und ihre unruhigen Unterthanen die Landfrieden von einseitiger und bestimmter Richtung.

Erst unter *Albrecht II., der das ganze nordöstliche Deutschland verschiedentlich zur Einigung brachte*, werden sie umfassender und allgemein, und wahre Urkunden des Staats- und Völkerrechts ihrer Zeit. Ein kurzer Ueberblick einiger wichtigern Urkunden bis 1361 und ihres Hauptinhalts wird über die vielfachen Bemühungen Albrechts für die öffentliche Wohlfahrt einiges Licht verbreiten.

---

[1]) In seiner gründlichen Darstellung:
„*Der Rostocker Landfriede*" in den *Baltischen Studien* II, 1, S. 101, flgd.

Die mir bekannten Haupt-Urkunden, von denen einige noch nicht bekannt oder gedruckt sind, sind folgende:

Bündniss d. d. 15. Julii 1331 zwischen Albrecht und Johann von Mcklenburg mit ihren „mannen" und Johann von Werle und Barnim von Pommern, sich einander beizustehen „zwischen der Oder und der Swine", zwischen der Oder und der Elbe und zwischen der Elbe und der Trave. Dazu gehört:

Bündniss d. d. 17. Julii 1331 *auf der Fachre* zwischen dem Grafen Heinrich von Schwerin und dem Herzog Barnim von Pommern, dass jener diesem folgen wolle „zwi-„schen der Swine und Oder".

Bündniss d. d. 21. October 1336 *zu Mistorf* zwischen Albrecht von Meklenburg und Johann und Henning von Werle (Vgl. Rudloff's Mekl. Gesch. II. 1, S. 280). Hiemit stand in Verbindung:

Bündniss d. d. 25. Septbr. 1337 *zu Stavenhagen* zwischen Albrecht von Meklenburg und Barnim von Pommern, sich gegen Räuber und Brenner beizustehen in ihren Landen und in den Landen der Herren von Werle und des Grafen und des Bischofs von Schwerin.

Bündniss von demselben dato zu gleichem Zwecke zwischen Johann von Werle und Barnim von Pommern.

Der Landfriede zu Lübeck d. d. 6. Januar 1338 auf sechs Jahre zwischen den Bischöfen von Bremen, Brandenburg, Schwerin, Ratzeburg, Lübeck und Halberstadt, dem Markgrafen von Brandenburg, den Herzogen von Braunschweig und Lüneburg, den Herzogen von Pommern und von Sachsen, den Grafen von Schwerin und von Holstein, den Herren von Meklenburg, den Städten Rostock, Wismar, Lübeck, Hamburg, u. A. (Vgl. *v. Lützow's* Mekl. Gesch. II., S. 150).

Der Landfriede zu Lübeck von 1349 auf drei Jahre. (Vgl. *Sartorius* Geschichte der Hanse, herausgegeben von *Lappenberg* II., 408.)[1].
Der Landfriede zu Sternberg d. d. 16. October 1351 auf drei Jahre zwischen den Herren von Werle. (Vgl. Der Landesfürst in Rostock.)
Der Landfriede zu Lübeck d. d. 20. Februar 1355 auf zwei Jahre zwischen Albrecht und Johann von Mecklenburg, dem Grafen von Schwerin und den Städten Lübeck, Rostock, Wismar, Grevismühlen, Gadebusch, Ribnitz, Gnoyen, Schwerin, Wittenburg und Neustadt. Aufgenommen wurden die Bischöfe von Schwerin, Ratzeburg und Lübeck mit ihren Städten, die Herren von Werle, die Herzoge von Sachsen und Lüneburg, die Grafen von Holstein und Schauenburg, die Städte Hamburg und Kiel. (Vgl. *Gerdes* Urk. Sammlung S. 685).

---

[1] Man bemerkt leicht, dass Albrecht II. selbst in Friedensstiftungen ruhig und bedächtig ging und nur mit dem Fortschritte der Zeit seine Verbindungen weiter ausdehnte; auch suchte er sich vor Abschluss von Allianzen oft erst durch besondere Verbindungen zu stärken und die Stiftung kleinerer Einigungen in der Nachbarschaft abzuwarten, um auf ihnen fortbauen zu können. In dieser Rücksicht ist es, in Beziehung auf die Lübecker Landfrieden von 1338 und 1349, von Bedeutung, dass

zu Lübeck am Sonntage vor St. Martins-Tage 1334 *ein Landfriede zwischen dem Herzoge Erich von Sachsen, dem Grafen Johann von Holstein und den Städten Lübeck und Hamburg* geschlossen ward, der um so wichtiger ist, als er ein Mittelglied zwischen den Landfrieden des östlichen und westlichen Norddeutschlands bildet; bei den Interessen der beiden Hansestädte und ihrer Nachbaren nimmt er natürlich häufig Rücksicht auf den Handelsverkehr; nicht minder giebt er manche Ausbeute für Sprache und Recht. — Ich verdanke die Mittheilung dieser Urkunde, welche sich abschriftlich in dem Besitze des Herrn Rittmeisters *von Kobbe* befindet, der rastlosen und wissenschaftlichen Gefälligkeit des Herrn Rectors *Masch* in Schönberg.

Der Landfriede zu Wesenberg d. d. October 1353 zwischen Johann von Stargard und den Grafen von Lindow. (Vgl. Rudloff's Mckl. Gesch. II., 1, S. 318).
Der Landfriede zu Rostock d. d. 15. Jan. 1354 zwischen den Herzogen von Meklenburg und den Herren von Werle. (Vgl. Rudloff a. a. O.)
Der Landfriede zu Lübeck d. d. 1. Novbr. 1354, Wiederholung der frühern Bündnisse in grosser Ausdehnung. (Vgl. Lappenberg a. a. O. II., S. 454, und v. Lützow a. a. O. II., 159 u. 188.)
Der Landfriede zu Lübeck von 1356, so wie ein *Compromiss* des Herzogs Albrecht von Meklenburg auf den Grafen Heinrich von Holstein und den Rath von Hamburg und Lübeck über alle Irrungen zwischen der Stadt Hamburg und ihren Helfern und zwischen Albrecht von Meklenburg und seinen Helfern: Ludwig dem Römer von Brandenburg, Otto Erzbischof von Magdeburg, dem Herzog Rudolph von Sachsen, den Grafen von Anhalt, dem Grafen Otto von Schwerin, den Lützowen, u. A. (Vgl. *Lappenberg* a. a. O. II., 453).

Alle diese Landfrieden und Bündnisse waren Vorbereitungen zu einem grössern:

Dem Landfrieden von Beggerow [1]) d. d. 9. August 1361 zwischen dem Markgrafen Ludwig von Brandenburg und Lausitz, dem Herzoge Barnim von Pommern, dem Herzoge Albrecht von Meklenburg und den Herren Bernhard und Lorenz von Werle. Aufgenommen werden die Bischöfe von Camin, Lebus, Brandenburg und Havelberg, der Markgraf von Meissen, die Herzoge von Sachsen und Lüneburg, die Könige von Dänemark und Polen, die Her-

---

[1]) *Beggerow*, ein Dorf in Vorpommern, südlich von Demmin, nahe an der meklenburgischen Grenze.

zoge von Laland und Mölln, die Grafen von Holstein, der Bischof von Schwerin, die Herren von Werle, Johann von Meklenburg und die Grafen von Fürstenberg [1]).

Hiezu gehört:

ein Separat-Vertrag von demselben dato ohne Zeugen und Bezeichnung der Oeffentlichkeit, also wahrscheinlich eine geheime Allianz, zwischen den fünf Fürsten, welche den Landfrieden zu Beggerow aufgerichtet hatten: mit ganzer Macht und stäter Treue zusammen gegen alle diejenigen zu stehen, welche einen von ihnen oder alle des abgeschlossenen Landfriedens wegen befehden wollten, auch bei einander zu bleiben, bis sie ihre Sache zu einem guten Ende gebracht hätten [2]).

Darauf folgt ein ähnlicher

Separatvertrag oder eine Aufnahmsurkunde d. d. Stettin 22. *Mai* 1362 zwischen Johann Bischof von Camin, den Markgrafen Ludwig dem Römer und Otto von Brandenburg, Barnim dem Alten, Herzoge zu Stettin, und den Brüdern Bugeslav, Barnim und Wartislav, Herzogen zu Stettin, und den Herzogen Albrecht und Johann von Meklenburg, gegen alle diejenigen, welche ihnen wegen der sich einander angelobten Folge nachstellen sollten. Sie wollen einander Folge leisten mit aller Macht „binnen der Netze und der Havel" [3]).

Dieser Bund von Beggerow gewinnt, wenn man die übrigen Landfriedensverträge in Norddeutschland dabei fest im Auge behält, eine höchst bedeutende Ausdehnung durch den Beitritt des thätigen *Erzbischofs Dietrich von Magdeburg*.

---

[1]) Urk. Lief. Nr. I.
[2]) Urk. Lief. Nr. II.
[3]) Urk. Lief. Nr. III.

Am 13. *December* 1362 *schloss derselbe zu Tangermünde mit unserm Herzoge Albrecht ein Schutz- und Trutz-Bündniss auf drei Jahre*, sich einander beizustehen in allen Dingen mit aller Macht[1]). Nachdem der Erzbischof sich zuvor durch die Verbindung mit einem mächtigen Fürsten also gestärkt hatte, ward, wohl auf dessen Veranlassung, *das Landfriedensbündniss zu Tangermünde d. d.* 15. *December* 1362 [2]) geschlossen, durch welches der Erzbischof von Magdeburg und andere Herren *dem Landfrieden von Beggerow durch eine feierliche Urkunde beitraten* [3]). Es ist

---

[1]) Urk. Lief. Nr. IV.
[2]) Urk. Lief. Nr. V.
[3]) Diese Urkunde ist gedruckt in *Erhard's Landfrieden* a. a. O. S. 37. *Erhard* meint S. 14, der Erzbischof Dietrich von Magdeburg habe in dieser Urkunde „das erste Landfriedensbündniss zu „Stande gebracht." Aber die Urkunde, welche unten Nr. V aufgenommen ist, hat einen sehr geringen Umfang, enthält gar keine besondern Bestimmungen und setzt ausdrücklich einen ausführlichern Landfrieden voraus. Sie ist nichts weiter, als eine Anerkennung eines schon geschlossenen Landfriedens und sagt nur, dass die Verbündeten zusammenhalten wollen in allen Stücken, wie es
begriffen ist *in sulchen briuen, do alle vnnne einen gemeinen lantfride geteidingt vnd beschribin habin.*
Dieser hier erwähnte Landfriede, auf den die *Tangermünder Urkunde* sich stützt, ist daher wohl kein anderer, als der Beggerowsche von 1361, um so mehr da in der Tangermünder Urkunde dieselben Contrahenten sich wieder finden, welche den Landfrieden zu Beggerow abgeschlossen hatten, und Albrecht von Meklenburg in ein vorbereitendes Bündniss mit dem Erzbischof eingegangen war. Möglich wäre es allerdings, dass der Urkunde von Tangermünde, welche dem Separat-Vertrage d. d. Beggerow 9. Aug. 1361 ähnlich ist, ein anderer ausführlicher Landfriede voraufging; es fehlt jedoch an aller Nachricht darüber. Jedenfalls aber schloss der Erzbischof nicht den „ersten Landfrieden."
So verbreitete sich *der Beggerowsche* Landfriede auch über die Stiftsländer von Magdeburg und ward wahrscheinlich *Veranlassung zu dem* oben erwähnten *Magdeburger Landfrieden*, welchen darauf

abgeschlossen zwischen dem *Erzbischof Dieterich von Magdeburg*, den Bischöfen von Brandenburg und Havelberg, den Markgrafen von Brandenburg, dem Herzog Rudolph von Sachsen, den Herzogen Albrecht und Johann von Meklenburg und den Grafen von Lindau.

Die drei letztern *Urkunden* d. d. Stettin und d. d. Tangermünde 1362 sind sicher nur Urkunden neuer Aufnahmen, je nach Osten und Westen hin, zu welchen einige Mitglieder des schon bestehenden Landfriedens committirt wurden.

Also war der Landfriede vollendet, und reichte von den Grenzen Polens bis zum Harzgebirge, und von der Elbe und der Lausitz bis zur Eider und zum baltischen Meere hinüber in das Land Dänemark: ein grossartiges Unternehmen, dem *Albrecht von Meklenburg* in keiner Verhandlung fremd war.

Mit diesem Landfrieden hörten aber die Bemühungen der Fürsten und Städte, das Recht und den Frieden walten zu lassen, nicht auf; sie wurden vielmehr immer allgemeiner und umfassender, wenn auch nicht immer, nach verschiedenem Maasse der Kraft, mit gleichem Nachdruck ausgeführt. Diese spätern Bemühungen zu beleuchten, liegt ausser dem Zweck dieser Blätter.

---

der Erzbischof Dietrich Mittwoch nach Quasimod. 1363 stiftete, und der sich wieder an den thüringschen und an den westphälischen anlehnte. — Zu bemerken ist, dass auch die Tangermünder Beitrittsurkunde des Kaisers und des Reichs nicht erwähnt.

Ich theile jetzt den Landfrieden von Beggerow sammt seinen Separatverträgen mit[1]). Die Bekanntmachung und Würdigung dieser Urkunden war es vorzüglich, was ich hier beabsichtigte, da sie, so viel ich weiss, noch nicht gedruckt sind und ein genaueres Studium verdienen. Zugleich habe ich es versucht, die Urkunden im Text festzustellen und zu *interpretiren*[2]). Ich schmeichle mir damit, dass diese Probe den Freunden der Geschichte nicht unwillkommen sein wird, da ich öfter die Erfahrung gemacht habe, dass die Beschäftigung mit der Sprache des Mittelalters, sowohl hochdeutscher, als niederdeutscher Mundart, nicht sehr häufig ist, und dass namentlich die niederdeutschen Urkunden und Spracheigenthümlichkeiten noch eine Bearbeitung verlangen und verdienen. Bemerken muss ich jedoch hiebei, dass die Bemerkungen sowohl, als die einleitenden Worte nicht sowohl für Geschichts- und Sprach*forscher*, welche viel ihnen Bekanntes finden werden, als vielmehr *für Geschichts- und Sprachfreunde* geschrieben sind und in einem engern Kreise das historische Interesse erwecken und lebendig erhalten wollen.

---

[1]) Die Mittheilung der drei ersten Urkunden, von welchen ich in Stettin in dem Königlich-Preussischen Provinzial-Archive Abschrift genommen habe, verdanke ich der gütigen Erlaubniss des Herrn Ober-Präsidenten *von Schönberg* Exc. und den Bemühungen des Herrn Archivars *von Medem in Stettin*. Uebrigens befinden sich die beiden ersten auch im Grossherzoglichen Geheimen- und Haupt-Archive in Schwerin, die vierte hier allein.

[2]) So eben, als ich das Manuscript zum Druck absenden will, erhalte ich die werthvollen *Pommerschen und Rügischen Geschichtsdenkmäler von Kosegarten*, dessen Aufmerksamkeit auch darauf gerichtet ist, Text, Sprache und Orthographie der Urkunden zu erhellen und festzustellen. Aus dem reichen Schatze der Bemerkungen dieses Mannes, welche in ihrer Art noch sehr selten sind, habe ich noch einiges benutzen und nachtragen können.

Ich wünsche daher, dass diese Arbeit aus diesem Gesichtspuncte angesehen werde. Möge dieser Versuch viele Arbeiter auf ein noch ziemlich unbebautes Feld locken![1])

---

[1]) Zum Schlusse noch einige Zeilen aus einem gediegenen Urkundenwerke der neuern Zeit:

„Werfen wir nun noch im Scheiden einen Blick auf alle diese alten, als Ergebniss freier menschlicher Entwickelung ehrwürdigen Alterthümer des Rechts und des Gemeinwesens, von denen jetzt kaum noch einzelne, uns nun gar in der Heimath fremd gewordene Trümmer übrig geblieben sind, so trennen wir uns von ihnen nicht ohne ein Gefühl von Achtung und Wehmuth, wenn wir diese Zeiten des kräftigen, selbstständigen Lebens in Dorf- und Stadtgemeinden mit ihrer nachherigen Ohnmacht vergleichen. Es ist nicht müssige Bewunderung der Vergangenheit, nicht Liebhaberei am Alterthume und an den besondern, aus ihm noch vorhandenen, vom Leben losgerissenen und daher todten Einzelheiten; wir verkennen nicht die Mängel jener Zeiten und was den Untergang der alten Einrichtungen herbeiführte; wir übersehen nicht das Gute, was wir haben: allein das lässt sich, bei aller Bewunderung für die Vorzüge der Gegenwart, nicht läugnen, dass die Grund-Idee, nach der das Recht und das Gemeinwesen und deren Verwaltung aus dem jedesmaligen, höchst mannigfaltigen Culturzustande der einzelnen Theile der Nation in den Gemeinden und durch diese selbst entstand, und sich mit dem fortschreitenden Bedürfnisse ausbildete, eine immerfort rege Theilnahme an allem Gemeinsamen erhielt und dem Einzelnen, wie den Gemeinden ein Gefühl der Selbstständigkeit und Kraft gab, welches wir später nicht mehr finden. Seitdem fremde, von aussen aufgedrungene Gesetze und Rechte die freie Entwickelung hemmten, seitdem nach abstracten Begriffen das Recht und das Gesetz aller, in den verschiedensten Bildungsstufen vorhandenen Theile grosser Völkerschaften gleichmässig geregelt wurde, erstarb aller Sinn für das Gemeinwesen, welches dem Volke wirklich verschlossen, daher fremd, verhasst werden musste, an welchem es keinen Antheil hatte, als den, es durch Steuern zu erhalten; es stieg zur Unmündigkeit hinab, weil es, selbst willenlos, regiert wurde; der Staat schwebte als ein lebloser Begriff im leeren Raume, und seine Existenz wurde vom Volke nur im unverstandenen, daher für feindlich gehaltenen Drucke wahrgenommen, dessen man sich durch jede Art von List und Betrug zu entledigen suchte.

Jene alten Staaten waren alten Häusern, alten Städten gleich, ohne eigentlichen Plan, nur für das gefühlte Bedürfniss, und dabei recht verständig und aus festem Grunde und stark gegründet, dann erweitert, verändert, ungleich, mannigfaltig, wie die Natur, und immer wohnlich, denn in das für Andere Unbequeme fügte sich die Gewohnheit, — und dunkle Stellen waren eben nicht erleuchtet. — —

Die Hauptaufgabe für die neuere Zeit bleibt immer noch: erstens die Weckung des Sinns der Gemeinden und der Einzelnen für das Gemeinwesen und dessen Verwaltung; zweitens die Beförderung jeder Aufklärung zur möglichen Verbreitung einer richtigen Kenntniss allgemeiner Angelegenheiten, und zur möglichst gründlichen Einsicht in das Wesen derselben, damit nicht der Unverstand das Haupt erhebe, welcher nichts als Willkühr und Befreiung von Lasten will, die doch getragen werden müssen, so lange der Staat bestehen soll. Zur Lösung dieser Aufgaben wird das Studium der Geschichte der Städte im Mittelalter mannigfachen Stoff bieten.

Urkunden-Sammlung zur Geschichte des Ursprungs der Städte in Schlesien, u. s. w. von *Tzschoppe* und *Stenzel*. Hamburg 1832. S. 263.

URKUNDEN - LIEFERUNG.

(Nº. I. II. III. IV. V.)

No. I.

Landfriede,

geschlossen zwischen dem Markgrafen Ludwig dem Römer zu Brandenburg, dem Herzoge Barnim zu Stettin, dem Herzoge Albrecht zu Meklenburg und den Herren Bernhard und Lorenz zu Werle.

d. d. Beggerow 9. August 1361.

Nach dem Originale im Königl. Preuss. Provinzial-Archive zu Stettin.

Wy *Ludwig* de Romer, van godes gnaden marc- [Zeile 1 d. Urk. greue to Brandenborg vnd to Lusitz, des hilgen Romschen Rykes ouerste kemerer, Palantzgreue by Ryne vnd hertoge in Beyeren; Wy *Barnym* to Stettyn, der Pomeren, der Wende vnd der Cassuben hertoge; Wy *Albert* hertoge to Meklenborg, greue to Tzwerin, Stargarde vnd to Rostok here; Wy juncheren *Bernd* vnd *Lauren-* [Z. 2. *cius*, heren to Werle: Bekennen vnd betughen in desem bryue, dat wy na rade vnser truwen man vnd stede ghemaked vnd geloued hebben enen rechten, steden lantfrede genzlike to holdene in desser wis, alz na gesercuen steyd. To dem irstem male legge wy af vnd verby- [Z. 3.

( ) = Ergänzung ungewöhnlicher Abbreviaturen.

[ ] = Ergänzung offenbarer Lücken im Text und beschädigter Stellen im Pergament.

den rof, brand vnd dingnisse vnd vengnisse in vsen landen
al vsen mannen vnd allen luden; were auer dat ymant in
vsen landen rouede, brande, herbergede weder des andern
willen edder stratenrof dede, an copluden, an borge-
z. 4.] ren, an buren odder an anderen weehnerdighen luden,
ghestliken odder wertliken, se^i weren wy^e se^i weren, de
in vsen landen odder sloten, de dar dor toghen: worde
he dar v^{e}m vp geholden, man seal dar ouer richten, alz
de lantfrede to seeht; were dat he weeh queme vnd
z. 5.] dar vmme voruested worde, so seal he voruested wesen
in alle desser heren landen vnd in allen steden, de in,de-
sem landfrede synd; wen he^i voruested is, so seal en here
dem anderen dat vntbyden, so seal en ywelik here den
in de sulue vestunge nemen, vnd den seal nymant vt der
vestunge laten odder in syn land, slote, stede veyligen, —
z. 6.] de heren vnd stede dragen des ouer c^{e}n, de^i in desme
lantfrede synd, — he en hebbe lik gedan, na desser heren rade, de in desem lantfrede synd. §. Were ok dat de
iarschare des lantfredes ut ghinge, so scolen de voruested-
den, odder de noch voruested werden, allyke wol in der
z. 7.] vestunge blyuen an sloten vnd an landen ane veylicheyd
vnd gheleyde, alz de landfrede to seehd; wes heren man,
wy^e he were, de rouede odder brande odder vangene ven-
ge odder vndad odder seaden dede, alz hir vorsereuen
is, an welkerleye wys it were, vt odder wedder in, vnd
z. 8.] binnen synen landen, steden odder sloten, de here seal
dat gud to sie nemen vnd seal (em) dat to neme gu^{o}de ke-
ren dem mysdere, he^i ne hebbe vu^{o}l dan, dem de seade
schy^{r}n is. §. Were ok dat he vesten hedde vnd slote,
odder sine vrunt ene vnthilden up eren vesten, dar seal
z. 9.] de here vor ty^{e}n, in wes land dat is, dar scolen em de
andern heren vnd stede manliken vnd med gantzen tru^o-
wen to helpen vnd volghen, malk vp sine eyghene ko^{o}ste,

vnd scolen dar nicht af scheyden, se ne hebben des enen gantzen ende; vnd wes heren land dat is, de scal dar to bryngen blyden vnd werk vnd wes dar nod to is, [z.10. alz lange went dat slod vnd veste verdelged is vnd den roueren ere [rec]ht gedan is. §. Vortmer de ok alrede roued hebben vnd nicht lik odder recht do°n willen dar vmme, alz de lantfrede to secht, de scolen verghend vredis genyten in al vsen landen, steden vnd [z.11. sloten; se scal ok nen here, man, odder stede, odder borgher veylighen vp daghe odder in sloten, wen war me se begrypd, dar scal me se vp holden: dar scal een dem andern to helpen truweliken, vnd scal en des dun, des recht is, ane broke. §. Were ok dat wy° mysdeder wyste, de scal se vp holden vnd vu°ren se [z.12. in dat negeste slod, dat dem heren to hored, dar me se vp ho¹lde; were dat se sic nicht up holden wolden laten, slu°ge he se do°d, so scolde he se in dat negheste slod vu°ren, vnd scolde se wynnen, alz de landfrede to secht; de gene, de se sluge odder vp helde,[z.13. de scal to den tyden leydet wesen in dem slote, dat recht vt. §. Vortmer were dat yennich man beteghen odder* beruchtiged worde vmme rof odder vmme ander mysdad, de in de[n] lantfrede ru°rde, de scal me vorboden in syn hus, dar he¹ wo°naftich is, vnd in de negeste stad, de in der vogedye lycht, den Radman- [z.14. nen witlik du°n: de scal tu°r antwarde komen, dar me en voreclaghed, vnd de scal dar veylich wesen vor unrechter wold vnd vor penning sculde; kumpt he auer nicht, so scal men dar mede varen, alz de landfrede to secht. §. Were dat wy° vnd vse man odder ge- [z.15. sinde, borgher odder bu°r, odder ere gesinde, odder yennich man in vsen landen yennichen mysdeder vengen, de scal se antwarden den heren odder den am-

bachtluden odder den steden, in wes landen se s[c]u°tͦ-
tet vnd vp geholden synd. §. Were dat en wy°
Z. 16.] dach ghy°ne odder med willen se vntfernde, so scolen se de broke lyden, de de mysdeder lyden scolde.
§. We^i se ock houed odder hu°sed, dat witlik were,
dat se vernested weren, de sal lyke sculdich wesen,
vnd we^i de mysdederen vor dat ly°f steyd, dat scal
Z. 17·] nene macht hebben: de heren scolen dar ouer richten.
Vortmer we^i mysdeder vp hilde odder sluge, wes he
en nymet, dat scal he beholden, su°nder broke.
§. Ok war me scutten in vsen landen ryden su°d,
de scal beyde, houeman, borgher und bu°r vp holden;
were dat se sic wereden, we^i se dar nedder sluge, de
Z. 18.] scal dar nene broke an hebben, ane de scutten, de
by den heren vnd by den ambachtluden ryden, de
syn dar ut genomen. Vnd neen here scal des anderen man vnd stede verdedi[n]gen wedder synen willen, mer een yslik here scal syne eyghene man, stede
vnd land vnd lu°de ghestlik vnd werltlik by rechte
Z. 19.] laten vnd by rechte beholden. Ok scal een yslik
man volghen veylich syme scaden vnd scal eyschen
hulpe van dem heren, an wes lande dat gescege, van
synen vogheden, mannen vnd steden; vnd der hulper
scal me en nicht weygheren, vnd desse hu°lpe scal me
Z. 20.] en du°n van stade an, oft it em suluen odder syme
heren an gynge. §. Were ok dat welk rouer odder
mysdeder worde vp geholden, de scal me wynnen al-
sus: de gude lude een den anderen sulf drudde, de
horgher sulf vefte, de bu°r sulf seuende; weret auer
een bedderue man beklaghet in vsen landen vmme
Z. 21.] vndad, de mach sic weren sulf twelfte vmberu°chten
bedderuen luden vser man; een beruchtiged man de
scal der were nicht genyten, dat witlik is landen vnd

steden, vnd me scal ene wynnen, alz hir vor gescre-
nen is. §. Were ok dat sic yennich man leddighede
med rechte, alz hir vor screuen is, vnd na witlik [z.22.
worde heren vnd guden luden, dat he med synen
hu°lperen vnrecht gesworen hedde, de scal med al synen
hulperen nenen rechtis mer ghenyten, vnd me scal se
holden vor mysdedige lude. §. Ok scal nymant samenunge odder nedderlage hebben in vnsen lan- [z.23.
den an klostern, an dorpen, an wedemen odder an
gude, su°nder vnse eyghene reyse vnd trecke; dede we¹ dar bouen, dar scal me mede varen, alz
rouer recht is. §. Vortmer wy heren, voghede,
radmanne [in] vsen steden, sloten odder landen scolen
nene rouer odder mysdeder leyden odder veyligen, [z.24.
mer wat me se begrypd, dar scal me se vp holden
vnd richten na desme lantfreden ouer se¹. §. Vnd
vnser heren nen, [de] in desme landfrede synt, scal bu-
wen up des anderen heren lantsceyde wedder synen willen; weret dat dar ouer we¹ dede, dar scal user een den [z.25.
anderen to helpen, dat dat gebroken werde. §. Worde
ok vnser manne yennich, borgher odder bur, odder
een islik man, we¹ he were, gheuangen in desser heren
lande, de in desme lantvrede synd, vnd gevu°red worde
in enes anderen heren lant und slote, de in desme lant- [z.26.
frede nicht begrepen is, des heren vnd der gene, de
ene vengen vnd ene vnthilden, scole wy vyende werden vnt volgen up se¹, alz lange went de vangene los
werden, oft wy se¹ med mynnen nicht moghen van
en bryngen. §. Vortmer wen de heruard to gheyd, [z.27.
were dar yennich man, de veyde hedde, de in der heruard were odder wesen scolde, de scal de veyde kun-
digen den heren vnd den steden, de scolen dar vrede
vnd veylicheyt an m[aken] de wyle dat de heruard

z.28.] wared vnd achte dage dar na. §. Were ok dat ymand kyf odder schelinge makede an der heruard, dar scolen de heren, man vnd stede maynliken vp helpen mit gantzer truᵉwe, vnd scolen se vp holden vnd varen dar mede, alz recht is. §. Ok scal een
z.29.] yewelik man in vnsen steden, sloten vnd landen, he sy weˡ he sy, sic an rechte nuᵒghen laten. §. Vortmer scole wy heren, de in desme landfrede begrepen synd, vnd de stede alle iar dry stund to samene komen to Templyn: up sunte Gallen dach, vp den anderen suᵒn-
z.30.] dach in der Vastene vnd des achten dages na Pingesten vnd scolen dar ouer spreken, wes in dem lantfrede nod vnd behuᵒf is; were dat desser heren yennich dorch rechter nod willen dar nicht komen kunden, de here scal dar synen rad med gantzer macht [senden],
z.31.] vnd wes se den dar to rade worden, dat scolen se vnderlank holden. §. Vortmer wat vesten vnd slote gebroken werden van des landfredis weghen, de scal me nicht mer wedder buᵉwen; de welle scal me alle sliehten, de here des it in syme lande licht. Vortmer dat
z.32.] geschyᵉn is eer dessem lantfrede, weˡ dar vmme beseuldiget wert, it sy umme rof odder vmme brande, war it umme sy, bekand he des, so mach de gene synen scaden rekenen vnd de ander ene mynren mit syme rechte mit twelf besetenen bederuen luden synes
z.33.] heren mannen; versaked he des, so mach he sic af nemen sulf twelfte synes heren ,man mit vnberuchtigeden luden. §. Weˡ alrede in der vestunge is der heren vnd steden, de scal een here dem anderen vntbyden, dat he se ok in syne vestunge neme, alz de lantfrede to
z.34.] secht. §. To desme lantfrede, wen des nod is, so scole wy de *vorbenumpde Marcgreue* volgen med hundert manne(n) wapend, wy hertoge *Barnym* mit achtentich mannen wapend, wy hertoge *Albert* to Meklen-

borg mit hundert mannen wapent, vnd wy *heren to
Werle* vorgenumpd mit aehtentieh mannen wapent [z.35.
vnd weres groter nod, so seal vser yslik volghen truweliken mit gantzer macht. §. Vnd desse volge seal
vser ee(n) dem andern du°n bynnen vyer weken mit
gantzen truwen, wen he dar to eyseheyd wert, vp syne
koste vnd seaden. Were ok dat wy vromen nymen [z.36
an vangen vnd an dingnisse, wo dane wis de vrome
to queme, de vromen seal wy deylen na mantale.
§. Und wy de *vorbenumpde Marcgreue* ty°n in dessen
lantfreden vsen heren vnd vrund den *byscop to Camyn*,
den *byscop to Lubuz*, den *biscop to Brandenborg*, den [z.37.
biscop to Hauelberg, den *marcgreuen to Mysne*, *hertoge
Rudolf to Sassen den elderen*, den *hertogen to Lu°nen-
borg* vnd de *greuen to Lyndow* vnd *de van Lubik*.
§. Wy hertoge *Barnym* ty°n in dessen lantfrede vsen
vedderen den *biscop to Camyn* lyk vs seluen, den *koning* [z.38.
Woldemar van Denemarke vnd *Kazemer den koning to
Polen*. §. Wy *Albert* hertoge to Meklenborg ty°n in
dessen lantfreden, *koning Woldemar to Denemarke*, hertoge *Crystoper to Lalande*, hertoge *Barnym den iunge-
ren*, hertoge *Rodolf to Sassen*, hertoge *Eryk to Sassen*, [z.39.
hertoge *Albert to Molne*, alle de *greuen to Holsten*, den
hertogen to Lu°nenborch, hern *Reymer vnd Vicke van
Bu°low* mit den sloten des *stichtis to Tzweryn*. §. Vnd
wy de *hern van Werle* ty°n in dessen lantfreden vnsen [z.40.
vedderu juncheren *Henninge van Werle*, vnse ome *de
iunghen hertoghen to Stettyn*, den *hertogen to Lunenborg*
vnd vse sweghere de *greuen van Holsten*. §. Vnd wy
hertoge *Albert van Meklenborg* vorbenumpt ty°n an dessen lantfreden vnsen lyuen bruder hertoge *Johanne to* [z.41.
Meklenborg vnd den *greuen van Vorstenberge*. Vnd wel-
ker desser vorbenumpden hern in disme lantfrede syn
willen, de scolen tuschen hir und sunte Michels dage

Z. 42.] vns sulke bryue geuen, alz wy vnder en ander gegeuen hebben, und louen dessen lantfreden to holdene,
alz wy gedan hebben. §. Ok seolen al vse voghede
vnd ambachtlude, de dar to geeysched werden, sweren
dessen lantfrede to holdende, alz wy ene vorbryued
Z. 43.] hebben. Vnd desse lantfrede scal waren vnd stan van
vnser irsten Vrouwen daghe, de nu° neghest kumpt,
vord ouer dry iaren, de negest na een ander komen, al
vt. §. Und dat wy alle desse vorghesereuen articuln
vnd stucke, und een islik, by su°ndern, stede und gantz
Z. 44.] holden willen vnd scolen, dat loue wy vorbenumpde
hern vser een dem andern in desme bryue by vsen eren
vnd truwen, ane arghelist. §. Und hebben des to euer
meren sekercheyd alle vse ingesegele an desse bry°f ghe-
Z. 45.] hangen, de ghegeuen is to velde by dem dorpe to
Beggerowe na godis bord dusend iar dry hundert iar dar
na in dem een und sestigesten iare *in su°nte Laurencius*
auende des hilghen mertelers.

Dipl. Anm. *Charte:* ein sehr breites Pergament.
Schrift: kleine Minuskel mit sehr vielen Abbrevia-
turen.
Siegelbänder: fünf Pergamentstreifen (Presseln), an
welchen jedoch die
Siegel: fehlen.

No. II.

Landfriedensschutz-Bündniss,

geschlossen zwischen dem Markgrafen Ludwig dem Römer zu Brandenburg, dem Herzoge Barnim zu Stettin, dem Herzoge Albrecht zu Meklenburg und den Herren Bernhard und Lorenz zu Werle.

d. d. Beggerow 9. August 1361.

Nach dem Originale im Königl. Preuss. Provinzial-Archive zu Stettin.

Wy *Ludwig* de Romer, van der godis gnadin maregreue to Brandenborg vnde to Lusitz, des hilgen Romschen Rykes ouerste kemerer, Palantzgreue by Ryne vnde hertoge in Beyeren; Wy *Barnym* to Stettyn, der Pomeren, der Wende vnde der Cassuben hertoge; Wy *Albert* hertoge to Meklenborg, greue to Tzweryn, Stargarde vnde Rostok here; Wy iuncheren *Bernd* vnd *Laurencius*, heren to Werle: Bekennen vnde louen in guden truwen: Were dat ymant were, he were, we^i he were, de vnse vyand dar vmme wolde wesen, dat vnser een volgede vnde hulpe dem anderen dorch des landfredis willen, so seolde wy alle, vo[r]sten vnde hern, stede vnde land, by dem anderen blyuen mid gantzer macht vnd mid steder truwe, vnde scolen vs nummer berichten, noch su°nen med genen, de sic dat annempt, wen wy scolen syne vyende blyuen, alz lange dat

vs god helped, dat wy to samene euen guden ende bryngen; vnd welkerme vser dat ouer ghinge, dat scole wy vs
alle an nemen. Dar ne seal sic nymant vnser vt tyͨn, vnde
alle vse slote scolen enem isliken openstan to allen synen
noden tyeghen dem genen, de sic dat an neme. Alle desse
vorscreuen stucke loue wy heren vorscreuen by vsen eren
vnde truwen vsir een dem andern stede vnde vast to holdene su°nder arghelist vnde hulperede. §. To eener gro-
tern bekantnisse desser vorscreuen stucke hebbe wy alle
vse ingesegle gehangen an dessen bryf, de ghegeuen is to
velde by dem dorpe to *Beggerowe* na godis bord dusend
iar dry hundert iar dar na in dem een vnde sestigesten
iare *in Sunte Laurencius auende* des hilgen mertelers.

  Dipl. Anm. *Pergament und Schrift:* gewöhnlich.
      Siegelbänder: fünf Pergamentstreifen.
      Siegel: sind alle fünf vorhanden und mit Ausnahme
       einiger ausgebrochener Buchstaben der Um-
       schrift, sehr gut erhalten. Es sind die ge-
       wöhnlichen, öfter vorkommenden.

N°. III.

Erweitertes Landfriedensbündniss

des Bischofs Johann zu Camin, der Markgrafen Ludwig des Römers und Otto zu Brandenburg, der Herzoge Barnim des ältern, Bugeslav, Barnim und Wartislav zu Stettin und der Herzoge Albrecht und Johann zu Meklenburg.
d. d. *Stettin* 22. Mai 1562.

Nach dem Originale im Königl. Preuss. Provinzial-Archive zu Stettin.

Wy *Johan*, von gods gnaden *Byschop* tu° *Camyn; Ludwig* dy *Ro*°*mer* vnd *Otto* bru°dere, marggrefen tu° Brandenborg; *Barnym* die olde hertoge tu° Stetyn; *Bugsla, Barnym* vnd *Wartzsla* bru°dere, hertogen tu° Stetyn; vnd wy *Albrecht* vnd *Johan* bru°dere, hertogen tu° Mekelnborg: Bekennen openbar, dat wy vns mit cynander voreynet vnd vorbu°nden hebben in gu°ten tru°wen wyder alle die yenen, sie sint man eder etlike stede, oft it were, die in vusen landen sint, vnd die sik gegin vns allen oder gegin vnsen etliken vorbu°nden eder vorstrikt hebben, eder darna stellen, dat unser eyn dem anderen sal vp die volgen vnd tru°weliken behu°lpen sin ane allerley argelyst; vnd wenne wy vnder vns eyme herren volgen, die it tu° dem ersten eychset, so sal dar na vnser yslik dem anderen volgen, als oft yme des nod ist; vnd wu°nnen wy vesten, die sal die herre behalden, in des lande sie lygen, oft man des nicht tu° rade wirt, dat man sie breke; vnd wy sik das wi°lde au nemen, vnd die gegin vns vordedingen, dar su°llen wy v°m alle vnser eyn dem anderen behulpen sin mit aller macht, als obgeschriben stet. Vnd wanne vnd als oft des nod ist, so sal vnser yslik dem anderen volgen bynnen der *Netze* vnd der *Hauel* mit veftig mannen gewapend vnd mit siner banir, ane wy die vorgenante *Byscoph* wy sullen volgen mit druᵉttich mannen gewapend vnd mid vnser banir; were it ok groᵉter nod, so sal vnser yslik dem anderen volgen mit aller macht; vnd wem man die volge tuºt, die sal die koste geben, vnd wer den anderen ledit, die sal yn up nemen in dem negsten slote, dat dem herren gelegin ist. Vnd dat wy alle desse stuᵉcke stede vnde vaste willen halden, dat globen wy in guºden truᶤwen, vnd hebben des tuº vᵉrkuºnd alle vnse heimliken insigel gehangin an diessen brief, die gegeben ist tuº *Stetyn* na gods gebuºrt druᵉtteynhuºndert jar dar na in dem twey und sechstigestem jare *an suºndag vor Vrbani*.

Dipl. Anm. Diese Urkunde ist zwei Male im Stettiner Archive vorhanden.

Für die *Siegel* sind in dem einen Exemplare neun Einschnitte vorhanden, in denen noch acht *Pergamentstreifen* hangen. Nur fünf derselben tragen jedoch noch Siegel, welche wohl erhalten sind:

1) auf quadrirtem Grunde ein Bischof in ganzer Figur stehend; zu seinen Füssen ein Schild mit dem sächsischen Wappen liegend. Umschrift: SECRETV. JOANIS. EPI. CAMINENS.

2) auf einem stehenden Wappenschilde der brandenburgische Adler. Umschrift: ✠ SEC LVDOWICI ROMANI MARCHIOS BRANDENBOG.

3) auf einem schräg liegenden Schilde ein Greif; die obere Hälfte des Siegels nimmt ein befiederter Helm ein. Links im Siegel steht ein B. Umschrift: ✠ SECRETVM BARNYM DVCIS STETINENSIS.

4) Dasselbe Wappen, jedoch ohne das B. Umschrift: ✠ SECRETVM BVGGESLAVI ✠ DVCIS STETYNENS ET PRINCIP . . RVYANO.

5) Wappenschild: ein befiederter Helm. Umschrift: ✠ . . . BARNY. DVCI. STETIN . . SIS ET PRINC RVYANO.

No. IV.

Schutz- und Trutz-Bündniss

zwischen dem Erzbischof Dieterich zu Magdeburg und dem Herzoge Albrecht zu Meklenburg.

d. d. *Tangermünde* 13. December 1362.

Nach dem Originale im Grossherzogl. Geheimen- und Haupt-Archive zu Schwerin.

Wir *Diterich* von gotis gnaden *erzebischoff zu Meideburg* bekennen offenlich mit dissem briue, das wir uns mit dem hochgeboren fursten vnd herren hern *Albrecht herzogen zu Mekelenburg* durch sunderlichen frede vnd gemach vuser beider lande, mit wolbedachtem eyntrechtigen mute vnd rechter wissen verbunden haben vnd verbinden in dissem briue also, das wir ym in guten truwen an eydes statt gelobet haben vnd geloben, das wir ym die nehsten dry jar, die schirest komen, wann vnd wie dicke wir des von ym ermanet werden, getruwlich raten vnd ernstlich helffen sullen vnd wellen mit vnser macht zu allen synen sachen vnd noeten vnd ouch syne lande, luete, guter vnd zugehorunge, welcherley odir wie die genand synd, zu befredende, beschirmende, beschutzende vnd zu bewarende glicher wiz, als ob syc vnser selbes weren, an argelist vnd an alles geuerde, weder allermenlich, auzgenomen das heilige romische Reich, vnsere herren, den keiser, syne erbin, den hertzogen von Sachsen, die margrafen von Brandeburg vnd von Missen, vnd wir sullen ouch vnder eynander eyner des andern in allen sachen gewaldig vnd mechtig syn on widerrede synes rechten. Mit vrkůnd ditz briues versigelt mit vnserm insigel. Gebin zu *Tangermunde* nach crists geburte dryzenhundert vnd yn dem zwei vnd sechzigsten jare an sand Lucien tage.

Dipl. Anm. *Charte:* Pergament.
Siegelband: ein Pergamentstreifen.
Vom *Siegel* ist kaum die Hälfte vorhanden. Es ist von weissem Wachs mit aufgelegter grüner Wachsplatte. Zu erkennen ist vom Wappen noch eine stehende männliche Figur mit einem Schilde in der rechten Hand, auf welchem der halbe Mond zwischen drei Sternen steht, und von der Umschrift: — DE-BVRGEN. ARCHI. —

No. V.

Landfriedensbündniss

des Erzbischofs Dieterich zu Magdeburg, der Bischöfe zu Brandenburg und Havelberg, der Markgrafen Ludwig und Otto zu Brandenburg, des Herzogs Rudolf zu Sachsen, der Herzoge Albrecht und Johann zu Meklenburg, und der Grafen Albrecht und Günther zu Lindau.

d. d. *Tangermünde* 15. December 1362.

(*gedruckt in Dr. H. E. Erhard's* Mittheilungen zur Geschichte der Landfrieden in Teutschland. Erfurt, 1829. S. 37).

Wir *Diterich* von den gnaden gotis vnd des heiligin Stules zu Rome Erzebischoff zu Meideburg, *Dyterich* vnd *Borghard* Bischofe zu Brandenburg vnd zu Hauelberge, *Ludwig* vnd *Otto* Gebrüdere, Margrafen zu Brandenburg vnd zu Lusitz, des heiligin Romischin Riches obriste Kamerer, Pfallentzgrafen by Ryne vnd Herzögen in Beyirn, *Rudolff* Herzog zu Sachsen, des heiligen Romischin Richs Erzmarschalk, *Albrecht* vnd *Johanns* Gebrüdere, Herzogin zu Mekelinburg, *Albrecht* vnd *Gunther* Gebrüdere, Greuen zu Lyndow: Bekennen offenlich in dissem briue, das wir durch gemeynes nutzes, fredes vnd schirms willen vnser aller lande vnd lute, des fruntlich vnd eynmüteclich obereyn getragen haben vnd vns des zusamen verbunden vnd vorredt,

vnd geloben ouch vnser eyn dem andern, das stete vnd vaste
zu haldene, in guten truwen an eides stat, das vnser yclich
dem andern getruwlich behulffen sin sullen vnd willen, czu
sturende roub, brand vnd allen vnfug, wo vnserm yclichen
in sinen landen des nod ist, mit aller macht on argelist, vnd
ouch des also getruwlich vnd vast halten, in allen sachen
vnd stucken, *als das zu guten vnd fromen vnser allir landen
vollekömenlich begriffen ist in sulchen briuen*, do wir vorbe-
numenten alle vmme einen gemeinen lantfride geteidingt vnd
beschribin habin, Mit vrkunde dicz briues, versigelt mit unser vorgenant aller insigil, der gebin ist zu *Tangermunde*
nach Crists geburt dryzenhundert vnd in dem zwey vnd sechzigsten iare, des *dunnerstages nach sand Lucien* tage.

SPRACHERLÄUTERUNGEN.

*D*ingnisse = *Erpressung, Schatzung, Brandschatzung (depactatio) (nötpfand, phandlosung).* Dieses Wort kommt in einer gewissen Art *niederdeutscher* Urkunden des Mittelalters hin und wieder bei wichtigen Verhältnissen vor; dennoch fehlt es in neuern Zeiten noch immer an einer ausreichenden Erklärung und Geschichte desselben. *Lappenberg* „Gesch. des Ursprungs der deutschen Hanse von „*Sartorius*". II. S. 311, N. 1 sagt:

„*dingnisse*, vermuthlich: Verträge über das *Lösegeld der* „*Gefangenen.*"

Diese Deutung, — die einzige in neuerer Zeit, die ich kenne —, kann nach den Urkunden aber nicht die richtige sein. Näher kommt schon *Frisch* Teutschlatein. WB. s. v. *ding:*

„*dingnüss*, für Zahlung. Sonderlich das Geld, so die „Leute oder Städte im Krieg zur *Lösung oder Brand-* „*schatzung* geben müssen;"

und hiernach *Heinze* zu seiner Uebersetzung der „Histor. „Abhandl. der königl. Gesellschaft der Wissensch. zu Ko- „penhagen", I. S. 358, Anm.:

„*vordinget*, d. i. *gebrandschatzet*".

und *Haltaus* Gloss. s. v. *gedingnus,* p. 604, *dingnuss,* p. 228 und *dingsal,* p. 235: *pecunia pacta pro avertendo incendio aliisque malis belli (gedingnus und brandschatzung).*

Vgl. *Kosegarten* Pommersche u. Rügische Gesch. Denkm. I., S. 226.

Die Etymologie, Verzweigung und besondere Anwendung des Begriffs in Urkunden wird zur Aufklärung desselben viel beitragen. *Dinc*, als nächstes Stammwort, heisst zunächst gewiss: etwas Geschlossenes, zu einem Ganzen und Festen Verbundenes; — im juristischen Sinne: *Vertrag, pactum*. Vgl. *Haltaus* Gloss. s. v, *dingen* und *geding*, p. 227, 228 und 602. Noch in der *Reichs-Pol. O. von 1577* und in der Frankf. Reform. wird der neuere Begriff von Vertrag (obligatio) durch *geding* ausgedrückt: „paeta oder geding". Das Wort *Vertrag* bedeutet im Mhd. mehr: „Vergleich, Aus-„gleichung", und *geding* mehr: „Festsetzung". Aehnlich ist *mahalen* und *festnen* (firmare) von Schliessung der Ehe; Grimm's RA. S. 433 und 600. — Etymologisch möchte sich *dinc* auf eine Wurzel *dih* — (goth. *theih*) — zurückführen lassen, als gemeinsame Wurzel der drei von Grimm geschiedenen Formen *theihan* (proficere), Gr. II, S. 18, N. 197, *thingan* (? gravescere ?) Gr. II., S. 57, N. 420, und *tingan* (pangere)? Gr. II., S. 61, N. 606; das inlautende — n — wäre dann durch grammatischen Bildungsprocess in das Wort gekommen; man vgl. Formen wie *denken* und *dachte*, *pango* und *pactum*. Die nhd. Form *ge-di(e)gen* (von *theihan* = gedeihen) stände dann der Form *dinc* sehr nahe. Auch findet sich statt der Form *dingnisse* oft *dignisse*

exactiones — que et *dignisse* vulgariter vocantur.
Schroeter Specimen dipl. Rostoch. p. VIII.

de *dignisse*, de an beiden siden verdinget iss.
Westphalen Mon. ined. IV., 980.

exactiones, *dignisse*.
Lappenberg a. a. O. II., S. 311.

vromen uppboren an *dignisse*.
Schroeter a. a. O. p. XIX.

Dingen, abgeleitet von *ding*, ahd. *gi-dingôn*, ist: *pacisci*, das *ding*, die Verhandlung oder den Vertrag schliessen und festsetzen. In dieser Bedeutung ist das Wort noch im nnd.

lebendig für jede Art von Handelseinigung, wo es auf Vertrag der Partheien ankommt, gleich dem nhd. *handeln.* Vgl. Grimms RA. S. 600 u. 747. Als Ableitungen finden sich ferner in den niederdeutschen Urkunden: *Verdingen,* durch *depactare* übersetzt, = *durch Uebereinkommen, Verhandeln feststellen.* — *Dingnisse,* mit der häufigen Ableitung — *nisse,* nhd. — *niss* (Grimm's Gr. II., 321, flgd), durch *depactatio* übersetzt, = *das Geschäft der Verhandlung. Gedinge, gedingegeld* (depactatum) = das Object der Verhandlung. (Hierauf wird auch die Form *dingnisse* übertragen).

wu vele man der venghe, vee, name und *gedinghe,* wat des worde, schal al dem volgen, de die koste dreeht.
Gerken Cod. dipl. Brandenb. I, 90.

der gefangenen *gedingegeld* und alle ihre gedingnisse.
Ludewig Reliquiae IX., 553.

pecunia exactoria, quae *gedinge* dicitur. *Ungedr. Urk.*

Diese letztern drei Formen sind aber in der Regel auf einen bestimmten Fall, auf ein gewisses Rechtsverhältniss beschränkt, wie es im Laufe der Zeiten so häufig bei Begriffen zu geschehen pflegt, und haben hiedurch ihre besondere Bedeutung erhalten. Sie kommen nämlich gewöhnlich nur in Bündnissen zu gemeinschaftlichen Kriegsunternehmungen, in Landfriedensverträgen, Friedensschlüssen und andern Rechtsgeschäften dieser Art vor und bezeichnen hier:

eine gewisse Art, sich für die Kriegsrüstung und die Kosten eines Kriegszuges bezahlt zu machen.

So wird im Longobardischen *thingare* gebraucht: für die Ausübung der einseitigen Befugniss über seinen Nachlass zu verfügen. (Grimm's RA. S. 482.)

Die Arten der Entschädigung für eine *Heerfahrt,* (*expeditio, reise, trecke*) sind nach den Verträgen gewöhnlich folgende: 1) entweder sorgte der zur Heerfahrt Verpflichtete aus eignen Mitteln für die Rüstung und Erhaltung seiner

Mannschaft ohne Entschädigung. Dies konnte z. B. bei Unternehmungen aus gleichem Interesse statt finden. 2) Oder er erhielt von Einem oder Mehrern der Theilnehmer an der Heerfahrt etwas Bestimmtes zur völligen Entschädigung oder zur Beihülfe. Dies konnte z. B. bei Hülfsexpeditionen geschehen. Urkundliche Bestimmungen über *angewiesene* Entschädigungen aus Geleitsgeldern u. s. w., vergl. in *Datt* de pace publ. p. 150. 3) Oder ihm ward von den Mitverbündeten gestattet, sich, im Fall des Gelingens, durch Verhandlungen (*verdingen*) mit den Besiegten auf eigene Gefahr ganz oder zum Theil bezahlt zu machen.

Alle Leistungen und Abgaben lassen sich in herkömmliche oder gesetzmässige und ausserordentliche scheiden. Die gesetzmässigen bestehen in bestimmten Geld- und Natural-*Abgaben* (*petitiones,* wie *bede, orbaere, zins*) oder in *Diensten* (scruitia); die *ausserordentlichen Leistungen* aller Art (wie Anlage von Zöllen, Erpressung von Weggeldern, u. dgl.) werden *exactiones,* auch extorsiones genannt. — Am häufigsten werden nun die *dingnisse* mit dem generellen Namen der *exactiones* belegt; die specielle lateinische Uebersetzung von *dingnisse* ist aber *depactatio,* so dass *depactatio* (dingnisse) als eine Species des generellen Begriffs *exactio* erscheint.

Ceterum si quem nostrum — bellum habere contigerit, illum omnes et singuli nostris totis viribus adiuuabunt, in cuius eciam erit libera opcione, utrum homines sibi in auxilium destinatis procurare voluerit in expensis, quod quidem, si fecerit, tunc omnes *exactiones, in hostes et in terras inimicorum factas, que et dhingnisse* vulgariter vocatur, solus habebit. —

Schroeter a. a. O. p. VIII.

rouet vnd brand vnde *vordinget.*
Heinze a. a. O. II., 426.

Est autem tercia pars *depactationis,* que dicitur *dinghe-*

nisse, nostra, de qua et quod primo inde pervenerit, quilibet dictorum *tollat* suas quingentas marcas.
Lappenberg a. a. O. II., 740.

We des anderen bedarf, de scal eme de kost geven, vnde seal de *dinghenisse upboren* tho der kost tho hulpen.
Ungedr. Stettiner Urk. v. 1331.

De *dingnisse,* de an beiden siden *an den landen verdinget iss.*
Westph. Mon. IV., 980.

Zwar kommen Fälle einer sogenannten gütlichen Uebereinkunft mit den Feinden vor:

Si *dominus belli per composicionem amicabilem cum inimicis* suis initam aliquid *ultra existimacionem dampni* sibi illati perceperit, illud inter omnes — diuidetur.
Schroeter a. a. O. p. VIII.

Diese composiciones amicabiles, als Folgen der Schwäche und Furcht, sind aber eben nicht häufig; häufiger hatten die exactiones und depactationes von Seiten des Siegers gewiss eine gebieterische und gewaltsame Beschaffenheit, wie die neuern *Requisitionen,* und bestanden weniger in einem gütlichen, freiwilligen Uebereinkommen mit den Besiegten, als vielmehr *in willkührlichen Geldauflagen:*

Item si prefati domini (cum) ciuitatibus *inimicorum terras* intrauerint, et *ibi per exactiones,* que *vordinghe* dicuntur, *pecuniam aliquam* uel bona acquisierint, uel *eciam per captiuos.*
Lappenberg a. a. O. II., 128.

Volentes etiam sibi, si *bona sua,* dicto castro pertinentia, nostri nomine *depactata* fuerint, *cum paribus bonis,* hostibus et aduersariis nostris pertinentibus, *recompensam facere pacem.*
Ludewig Rel. VII., p. 87
vgl. Du Fresne Gloss. s. v. depactare, sq.

Wi scolen an beiden eziden uns suluen vnd den vnsen vor seaden stan; vnd were dat wi binnen der tid vromen nemen an *dingnissen*, de seal en *to eren kosten to hulpe* komen.
Ungedr. Stettiner Urk. v. 1372.

Eine besondere Art der *dingnisse* ist die **Pfändung von Menschen und fahrender Habe und die Besetzung von Grundstücken gegen ein bestimmtes Lösegeld** *(gedingegeld)* von Seiten des Siegers; jedoch wird gewöhnlich die *dingnisse* besonders neben den letztern aufgezählt:

vromen an *vangeñen* oder an *dingnisse*.
Ungedr. Stettiner Urk. v. 1372.

dingnisse und *vee* seal he to hulpe beholden to der kost.
Gerken cod. dipl. I., 235.

alle *vanghenen* vnde alle *dynknisse*, de nv in dessen pranghe to Sweden tusschen hir vnde pingsten, de neghest was, *ghevanghen* sint, edder *vordinghet* sint, scolen an beyden siden leddich vnde los wesen.
Heinze a. a. O. II., 426.

Seheghe ed oek, dat men fromen neme an *ghevanghenen* edder an *reisiger haue*, wu denne wyss de frome tokeme, so scholden de, de di koste droighe, den houetman edder den besten gevangenen vnder riddermatigen luden touorn ut nemen vnd hebben, die anderen *geuangenen* vnd *haue* sholde men deilen na mantale gewapender lude, als vorscreuen steit, borghere, bure, wu vele man der *veughe*, *vee*, *name* vnd *gedinghe*, wat des worde, schal al dem volgen, de di koste dreeht.
Gerken Cod. dipl. I. 90.

Neme man ouch fromen an *gefangin* und *reisiger habe*, da die unsirn bie weren, die sal man teilen nach manczal gewapenter lute, die denn gemwertig uff dem felde sien, so man den fromen nymmet, und alle *dingnisse* und daz man

verdinget sal ym czu sture czu sinen kostin volgin und bliben.
Gerken Cod. dipl. I. 93.

Alle *gefangene*, die an beyden theilen gefangen seyn, und der *gefangenen gedingegeld*, — und alle ihre *gedingnisse* wieder frey, ledig und los seyn sollen.
Ludewig Reliq. IX. 553.

Neme wy vromen an *vanghen* vnde an *sloten*, den vromen schun wy deylen na mantale. *Vordinghede* wy ouer in der veynde lande, edder neme wy *vehe*, so scholen use oeme de *dyngnisse* vnd *vehe* tu hulpe tu eren kosten hebben.
Ungedr. *Stettiner Urk. v.* 1369.

vromen uppboren an *vangen* unde an *dignisse*, an *sloten* unde an *landen*.
Schroeter a. a. O. p. XIX.

Vortmer de *fangenen* scal men beschatten vppe lik an beiden siden; de scal en bereden mit hand: de beredinghe vnde beschattinghe scal stan an beiden syden vp veer manne vnde vp mester conrade. Vortmer wer *dinghenisse bekant*, de scal se geuen. Geue he se nicht, men scal darto senden an beiden syden, vnd scal se *vtpanden*.
Westph. Mon. IV. 934.

In allen diesen Beispielen, wie gewöhnlich, kommt *dingnisse* in Begleitung von Pfändung vor, und *dingnisse* scheint eine *Gelderpressung* zu sein, worauf man Pfand nehmen konnte, was aber nicht nöthig war, sobald die geforderte Summe gezahlt ward. Das Pfandnehmen konnte allerdings auch Personen zum Gegenstande haben; aber die *dingnisse ist keine gewöhnliche Auslösung oder Auswechselung von Kriegern*, welche in der Fehde nach Krieges Weise gefangen waren. Kriegsgefangene werden von der dingnisse geschieden, nach der Mannzahl der Sieger getheilt und kön-

nen gegen Kriegsgefangene ausgewechselt werden. Selbst
Kriegsbeute ist keine dingnisse.

exactiones in hostes et *in terras* inimicorum factas, que et
dhignisse vocatur, solus habebit (sc. si quem bellum habere
contigerit). — — Ac *si in proelio triumphatum fuerit,*
quilibet dominorum, qui bellum gerenti prestabit auxilium,
cum ipso equa sorte gaudebit, tam *in captiuis,* quam ceiam
in spoliis diuidendis.

Schroeter a. a. O. p. VIII.

Si *captiuos* aliquos haberemus, non necessarios *ad redemp-
cionem nostrorum captiuorum,* eosdem dictis dominis pre-
sentabimus *ad solucionem captiuorum,* quod nobis facient e
conuerso; et si in expeditione aliqua captiuos aliquos ca-
peremus simul, hos secundum numerum armatorum equa-
liter diuidemus.

Schroeter a. a. O. p. VI.

Ok scal alle *dingnisse,* di in demseluin lanturede geschehen is, ledig und loss sin, und alle *geuangen,* an de, de
an opinbar dat begrepin und genangin sin und werden,
den scal de lantvrede to huelpe, noch to seadin nicht
komen.

Gerken Cod. dipl. I., 167.

Item quod nullus *captus* per servitores regis debeat *depac-
tationem* dare in cereuisia, farina, humulo, calibe, ferro
vel sale, aut forte talibus, quibus inimici seu emuli ciui-
tatum poterint roborari.

Lappenberg a. a. O. II, 628.

Verumptamen de *captiuis* et *exactionibus dignisse,* si qui
capti fuerint, prout expeditos habemus, plenam partem re-
cipiemus secundum nostrorum numerum armatorum.

Lappenberg a. a. O. II., 311.

Die *dingnisse* dagegen war, dem allgemeinen Verfahren
nach, in der Regel eine *Pfandnehmung,* und wenn das Ver-

fahren Menschen trifft, so sind diese als „*geiseln*" eingefangen, um durch ihr Gefängniss eingefordertes Geld zu erpressen. Die dingnisse waren ferner ein *nötpfand* (Zwangspfand), welches „gewaltsam gefordert ward", auch *näme* (captio, captura) genannt. Vgl. Grimm's RA., 618 u. 619. Noch die R. Pol. Ordn. von 1550 untersagt *verbotene gedinge* (wucherliche Contracte). Man vergl.

Item man en sall an geyme gerichte binnen Colne *pende erdinegen*, dan an deme hoengerichte, noch ouch geyne haue, noch guyt vyssroiffen dan da, noch ouch vrgicht nemen, van eynchereleyen dan da want dat allet dar zo gehoirt.
Statuta judicii in Colonia in *Cod. mss. Arch. reg.
Berol.* sec. XV.

Im mittelhochdeutschen Dialekte finden sich an der Stelle von *dingnisse* gewöhnlich *pfandlosung* oder *pfandung*. Wer den anderen làt zu siner hulfe, deme sal man kome redeliche, vnde wanne der komen ist, so sal man ome vnde sinen luten gebe bier vnde brot vnde kuchinspise, hufslag vnde vutir, vnde nicheyne *phantlosunge*.
Ungedr. Erfurter Urk. v.1330 *im Berl. Archiv.*

Unde wan we ome also volgen eder de unse to volge senden, so schal he uns unde den unsen wonlike koste, drang, voder und houfslach besorgen und geuen, unde nich *pandlosinge* don.
Gerken Cod. dipl. I., 86.

Wer auch den andirn ladit ezu siner hulffe, — und wanne der komit, der geladin ist, so seal man ym vnd sinen luten geben brot, byer, kuchinspise, futir, hufslag, und nicht *phantlosunge*.
Erhard a. a. O. S. 54.

Were es auch, dasz von sulcher *pfandung* wegen iemandts *gefangen* würde, dieselbe *gefangene* sollen auch all auff recht vnd gewissheit ausgeben werden.
Datt a. a. O. p. 129. sq.

Man *pfendet* och wol vmbe kuntliche korngulte, vnn wingulte, vnn zinsse, nun gat daz och nut an den *lantfreden*; anders soll niemand den andern *pfenden* ane gerichte.
Datt a. a. O. p. 127.

Iz en sal ouch nimant den andern *pfenden*, her en habe on danne erfordert mit rechter clage vor gerichte, an umme rechten erbetins vnde vmme korngelt; wer anders *pfendet*, der hat den lantfrede gebrochen.
Erhard a. a. O. S. 31.

(Ist) clage komen, wie auf den strassen in vnnsern furstenthumen der kaufmann vnd gewanderte geweltiglich angegriffen, *gefangen*, *gefenglich gehalten*, *gepeynigt*, *geschatzt* und grosslich beschedigt wird.
Gerken Cod. dipl. VIII., 60.

Nach diesem Allen wäre *dingnisse* = Gelderpressung durch Androhung einer gewaltsamen Pfändung.

z. 2.] *Herbergede*, nämlich „misdedere".

Sve *herberget* oder spiset wetenleke *enen veruesten man*, he mut dar vmme gewedden.
Sachssp. III., 23.

„Den *flüchtigen verbrecher* soll niemand herbergen und speisen".
Grimm RA. p. 734 flgd.

In andern Verhältnissen ward den Klöstern das Herbergen im Allgemeinen untersagt:

„Wer da *herbergit* in den clostern wider ihren willen, her in (er en) sie danne der herre, vnder deme sie gesezzen sint, der *hat den lantfrede gebrochen*.
Erhard a. a. O., S. 31.

z.4.] *Wechnerdighe lude* = Reisende.
Vgl. Sachssp. ed. Hom. Reg. s. v. wegefertiger.

z.4.] *Wy^e*, auch we^i, = wer.
Eben so abgekürzt:
wy^e = wir;
de = der;
me, auch men, = man.

z.4.] *Vorvesten, vestunge* = proscribere, proscriptio.
vredelos unde *ueruested*.
Lappenberg a. a. O. S. 660.
Man unterscheidet: der kirche *bann*, des gerichtes *verfestung*, des reiches *acht*.
Vgl. Jewelk man mut wol vorspreke sin, unde tügen, unde klagen, unde antworden, ane bynnen dem *gerichte* dar he inne *veruest is*, oder of he in des *rikes achte is*. Vor *geistlikeme gerichte* ne mut hes auer nicht dun, of he to *banne* is.
Sachssp. II., 63, 2.
Eyn *achte* is eyn *vestinge*. Overachte is eyn beswaringe der vestinge.
Gl. z: Sachssp. I., 38.
Umme anders nene klage ne sal man den man *veruesten*, ane vmme die, die an dat lief oder an die hant gat.
Sachssp. I., 68, 1 flgd.
„Den verfesteten Mann darf niemand beherbergen und

der Kläger darf sich seiner bemächtigen und gefangen vor Gericht bringen."
Eichhorn d. St. u. RG. §. 384.
Grimms RA. p. 732.
Frisch d. WB. s. v. vest.
Haltaus Gloss. p. 1851 flgd.
Homyer Reg. z. Sachssp. p. 243 u. 244.
Rosegarten a. a. O. I., S. 68 flgd. und 325.

Z. 5.] *Veyligen*, ein nd. Wort == *sicher geleiten*.
Die einfachste Form der Wortfamilie ist das Adj. *vel-ig* (-ich), *fel-ig*, *veyl-ig*; davon *veyl-ig-en* und *veyl-ic-heit*. Velig kommt auch oft in Formen mit seker vor: Vgl. witlik si, dat en *velich*, *seker* dach is ghedegedinget; ferner: desse *sekere*, *velige* dach; ferner: dat schal stan in *veilicheit*. Lappenberg a. a. O. II., p. 504. Aber sicher unterscheiden sich beide, und zwar vielleicht wie *tutus* (*velig*) und *securus* (*seker*). Věl-ig scheint zum Stamme zu haben: goth. fil-han, ahd. velahan, altn. fela == recondere, commendare, sepelire. Grimms Gr. II., S. 55, N. 337, und S. 514), nhd. be-*fehl*-en (empfehlen) == mandare, mit dem Grundbegriff der *Bewegung*. Vergl. als Stamm goth. ana-*fil*-hs (traditio), ga-*fil*-hs (sepultura) Grimms Gr. II., 510; lat. se-*pel*-ire; Sanskr. *pâl* == servare, *tueri*, und *pâl-a* == servator, custos, dominus. *Bopp* Gloss. Sanskr. 107, a. *Velicheit* wäre dann: *Schutz nach etwas hin*; sekerheit: Beschützung in etwas:

So: *in syn lant — veyligen a. v. O. veyligen up daghe odder in sloten. Z. 11. wy- scolen nenen- mysdeder leyden odder veyligen. Z. 24. Were ok dat vnse oeme iennich to sik vorbodeden oder veiligeden.* Urk. v. 1572. *rouere scole wy nycht leyden odder veleghen bynnen vnsen landen vnde ok vnsen daghen.* Urk. v. 1337. *scolen se ley-*

den *velich to* vnde *af* vor unrechte wold. Urkunde v. 1346. Vortmer de *straten* vnde *wege* scolen *velich* vnde *fry* wesen, vnde *velich* to water vnde to lande. *Westph.* Mon. IV., 954. de seal tur antwerde komen dar me en vorclaghet vnde de seal *dar* (dahin) *veylich* wesen. Z. 14. Ok seal een yslik man *volghen veylich* syme scaden. Z. 19. Vortmer en jewelich man — seal dar wesen *velich liues vnde gudes tu vnde van.* Lüb. Landfr. von 1334. Und noch 1495: mit *sichern und velichen geleit,* und 1496: *velichen und sekern togengk und affgeng.* Vgl. Brem. WB. s. v. velig. *Haltaus* Gl. s. v. feilig, p. 445.

z.5.] *Lik* = aequus, similis: goth. ga-leiks, ahd. gelih, nhd. *g-leich.* Der Stamm leik, lih, leich(e) = corpus, imago ist theils als Substantiv, theils, oberd. mit ge-, niederd. ohne diese Vorsylbe, als Adjectiv in der Bedeutung von aequus, similis verwendet. Von diesem Adjectiv ist im Niederd. das Neutrum: *dat lik,* wieder als Substantiv gebraucht, wie von dem Adj. *recht* das neutr. *das recht.* In nd. Urkunden kommen *lik unde recht* oft zusammen vor. Finden sich in der deutschen Sprache allerdings auch viele Fälle zusammengestellter ähnlicher Begriffe und *gegliederter Formeln,* deren Bildung keinen andern Grund hat, als die der *Allitteration* und *Tautologie,* so sind vielleicht deren doch nicht so viele, als es nach Grimm in RA. Einleitung den Anschein haben könnte. Denn öfter, als man denkt, ist, namentlich bei zweigliedrigen Formeln, z. B. *leib und leben, ganz und gar,* u. s. w. das eine Glied eine neuere Form gleichsam zur Uebersetzung und Verdeutlichung der andern ältern, unverständlichern, welche die Sprache doch noch nicht verwerfen wollte, wie *leben* Ergänzung des ältern *leib, ganz* Ergänzung zu *gar.* Oft aber hat jedes der Wortglieder einen eignen Sinn und der Inhalt beider berührt sich nur. Letzteres scheint mir bei lik unde recht der Fall zu sein, welche sich vielleicht unterscheiden wie aequum et justum. Daher sind die beiden Formen oft durch *oder* getrennt:

lik odder recht don. Z. 10.
lykes odder rechtes behulpen. Urk. v. 1361.
lyk odder recht wedervaren. Das.
likes und rechtes mechtig wesen. Urk. v. 1369.
likes und rechtes weldich sin. Urk. v. 1368.

In vielen andern Urkunden wird in gleichen Verhältnissen und Constructionen die Formel *minne unde recht* gebraucht.

Lik kommt aber auch allein vor, wie an unserer Stelle: lik dôn, und dann ist es wohl so viel, als *liken*, z. B. Urk. v. 1306 de schelinghe to likende (Streitpuncte *auszugleichen, vergleichen*); um schelinge liken. Urk. von 1331. Daher hier *lik dôn na rade* der heren. Ueberhaupt ist *lik* der generelle Begriff zu *minne und recht.* Vgl. Lübecker Landfrieden v. 1334: wi scolen darvmme manen vnde helpen eme, dat eme *lik see an minne oder rechte;* kunde eme denne nen *lik schen van user maninghe vnde helpe etc.*

Also: *lik dôn* = aussergerichtlich vergleichen, befriedigen;
recht dôn = nach dem Urtheil leiden;
vul dôn = ersetzen, bessern.

z. 5 u. 6.] *Were dat — — he voruested worde, so scal he voruested wesen in alle desser heren lande — — de in desem landfrede synd.*

Sonst war nach sächsischem Landrechte die Acht der

vestunge nur in dem Bezirk des Gerichts wirksam, von dem die Acht ausgesprochen war.

man ne mach nemanne mit nener vestinge verwinnen in enem anderen gericht.
Sachssp. III., 24.

Eine solche Ausnahme von dem allgemein gültigen Rechte, wie sie in unserm Landfrieden beredet wird, musste besonders stipulirt werden. Hieraus wird auch die Erklärung der folgenden, scheinbar verwickelten Satzverbindung von den Worten: vnd den seal nymant vt der vestunge laten — bis: de in desem lantfrede synd, leichter. In diesem Satze ist die Stelle:

de heren und stede dragen des ouer een, de^i in desme lantfrede synd,

nach meiner Meinung eine *Parenthese*, welche noch einmal ausdrücklich bekräftigt, dass dieser aussergewöhnliche Separatvertrag eine besondere Uebereinkunft ist. Es gehört dann im Hauptsatze zusammen:

vnd den seal nymant vt der vestunge laten, odder in syn land, slote, stede veyligen (— —), he en hebbe lik gedan na desser heren rade, de in desem lantfrede synt. Vgl. z. 8 und 9.

Hier zur Erläuterung einige Worte über die *Negation en*. Die ältere deutsche Negation heisst *ni*, welche sich zu *ne* abstumpfte, in dem Maasse, wie sie im Mittelalter ihre selbstständige Kraft verlor und diese, wie im Französischen das ne, durch vollere Wörter gestützt werden musste. Ja die ursprüngliche reine Negation ward enklitisch zum Zeitwort gesetzt und endlich gar n' und *en* geschrieben (Vgl. Grimms Gr. III. S. 708. fl.) (wohl nach der enklitischen Aussprache n') z. B. dar *ne* seal sic *nymant* vnser vt tyn. Urk. v. 1561; (sy) *nicht* helpen *en* mochten. Urk. v. 1551. In meklenburgischen Urkunden verschwindet diese Partikel in beiden Formen ungefähr in der Mitte des 14. Jahrhunderts,

Unter Heinrich II. dem Löwen († 1529) findet sie sich noch sehr häufig; unter Albrecht II. (1329—1579) kommt sie nur in einzelnen Stellen vor. Zuerst scheint sie bei *nicht* zu verschwinden, schon unter Heinrich II.

Die Verwendung dieses ne oder en ist im mnd. nach den Urkunden dieselbe, wie im mhd., sowohl im directen Satze, als in *subjunctiven Satzverhältnissen*. In letztern wird nämlich nach einem negativen Hauptsatze „die ge-„dachte angenommene Bedingung, die zugleich die einzige „mögliche sein will", ohne Conjunction durch einen Satz ausgedrückt, dessen Zeitwort im Subjunctiv steht mit der beigefügten enklitischen Negation *en*. Dieses Satzgefüge ist ein elliptisches, indem „die Negation des Hauptsatzes im „Conditionalsatze fortwirkt"; die Ellipse kann ahd. supplirt werden durch niwan (nicht — ausser, = ausser dass, *es sei denn dass*, nisi.)

Wackernagel: Die Mhd. Negations-Partikel NE,
in *Hoffmanns* Fundgruben I., 269—306.
Vgl. *Beneckes* Wörterbuch zu Hartmanns Iwein
s. v. Ne.

Unsere Stelle hat also folgenden Sinn: *Den soll Niemand aus der Achtserklärung lassen oder in sein Land, Schloss oder Stadt sicher geleiten (so kommen die Herren und Städte darüber überein, die in diesem Landfrieden sind), es sei denn dass er Genugthuung gegeben habe, nach Rath und Meinung der Herren, die in diesem Landfrieden sind.*

z. 6.] *Jarschare* (scara: sectio, cohors) (eigentlich: Jahresabschnitt, Abschnitt von Jahren, einem oder mehreren) = *Zeitabschnitt, Zeitfrist, Termin*, eine mnd. Form.
Vgl. Brem. WB. s. h. v.

Im Sachssp. *iartale* Vgl. II., 58, 3 ed. Homeyer u. Register s. v. jahr. of en kint sine iartale behalt. Noch in der Mitte des 17. Jahrhunderts wird in meklenburgischen Pachtcontracten die *contractliche Pachtzeit: jarschare* genannt. Aufklärung giebt noch: scharen = theilen (engl. *to share*). Vgl. *Schroeter* Rost. Chron. Beitr. S. 24, und Brem. WB. s. v. scheren. In mhd. Gedichten kommt vor: *iarzal* (Ablauf eines Jahres) und: *iarzil* (Jahresfrist); vgl. Benecke WB. z. Iwein.

Z. 9.] *Manliken*, mnd. adv. (mhd. manliche) = männlich, „dem Charakter des Mannes gemäss." Vgl. *Benecke* WB. z. Iwein s. v. manlich. Im mnd. finden sich viele Adverbialbildungen auf — en.

Z. 9.] *Malk*, mnd. Form, = jedermann (veraltet nhd.: jeder — mäuniglich). Die mhd. Form ist zwar manneclich, menneclich; vgl. *Benecke* u. d. W. Die mnd. Form ist aber keine Synkope dieser mhd., zweifach abgeleiteten Form, sondern hat einen einfachern Ursprung: *manlik* Dreyhaupts Saalkreis I. p. 55; *mallich* Haeberlin Anal. p. 298, 307, sq.; *malik* Bremer Stat. v. 1433. Stat. 7; *malk* öfter in Urk. (Eben so: welich, welch, welk, nnd. weck). Vgl. Grimms Gr. II., S. 569, flgd. u. III., 55 flgd.

Z. 9.] *Blyden vnd werk* = Belagerungswerkzeuge. *Bliden* zunächst: Geschütz, Armbruste; dann und gewöhnlich: Gerüste mit grossen Armbrusten; oder *Wurfmaschinen*, Steinschleudern: ballistae, machinae. *Werk* = Belagerungswerkzeuge, wie Mauerbrecher, Gerüste zum Sturm, *structurae*, oft *drütende werch* genannt.

Vgl. machinis et structuris, que *driuende werch* dicuntur; eben so: mit ener bliden und mit eneme *driuenden werke*.
Sartorius Gesch. der Hansa, ed. *Lappenberg.*
S. 497, Anm. 1, S. 409 u. Glossar.
Schroeter Rost. Chr. S. 17 u. XXIV.
Frisch WB. s. v. blide.
Brem. WB. s. v. blide und wark. N. 5.
Helmold ed. Bangertus p. 489 sq.

Ueber die *bliden* vgl.: Ouch quamen die kirspels Luyde, die hadden veel kabelen (Seile) en ouch eyn grote *Pleyde, domet sie wolden uftrecken die Clock* in den nuwen torn; Friesheim. Urk. v. 1411 in *Wallraf* Altd. WB., woraus hervorgeht, dass die bliden grosse, offene Gerüste hatten. Vgl. *Kosegarten* a. a. O. S. 59, woselbst auch eine Urkunde, nach welcher die Greifswalder für drei Mark Pfennige eine *balista* kaufen.

z. 10.] *Went* = *bis* (auch in der Form wente).
Diese Partikel kommt in mnd. Urkunden so häufig vor, dass ihre Form und Bedeutung nicht zweifelhaft seyn kann. Unsicherer ist ihre Etymologie, welche, bei den vielen ähnlichen Formen, wie wan, wen, wannen, unz, u. s. w. und den neuesten vielfachen Untersuchungen über dieselben und ihre Wurzeln und Verzweigungen allerdings von Interesse ist. — Die alte Form für den Begriff von „*bis*" (usque) ist ahd. *unzi, unze,* mhd. *unz.* — Daneben ist für die Begriffe „von woher, weil, wannen" die Form ahd. *huuanta, wanta,* mhd. *wante, wande,* herrschend. Ich glaube in *Jahns* JB. V. 1, S. 13 flgd. nachgewiesen zu haben, dass *huuanta* eine alte Ablativform von dem Pronomen *wer, was* sei und daher bedeute: von wo, woher, wannen. Hierdurch liessen sich dann die verschiedenen Bedeutungen von *wande* und *wan* erklären, je

nachdem man sie zu räumlichen oder zeitlichen oder logischen Bezeichnungen verwandte, ohne verschiedene Stämme annehmen zu brauchen. Ich glaube ferner nachgewiesen zu haben, dass z B. im Latein. unde, als ältere, und quando, als jüngere Form, mit huanta identisch seien. Und so möchten eben so die ahd. unze und wante dieselbe Form sein, aus huuanta entspringend.

Dann wären das mhd. *unz* (us-que) und das mnd. *went* identisch, da der Uebergang von t in z in der ahd. Sprache in der Regel ist und der Uebergang des Stammes hua — in u — beim pron. interr. rel. durch viele Beispiele in anderen Sprachen belegt wird. Die Uebertragung des Begriffs von dem Anfangspunct auf den Zielpunct, von einem „woher" auf ein „bis", scheint nicht anstössig zu sein.

Diese Bemerkungen können jedoch nur Andeutungen sein im Vergleich zu Grimms Gr. III. 171, 181—184, 255 —256, 281, und Graffs Ad. Praep. 268.

Ueber die Verbreitung des mnd. went = bis, vergl. *Wackernagel* a. a. O. unter wante, und *Brem.* WB. s. v. wente.

Z. 10.] *Alrede* = *bereits*; vgl. Z. 55, nnd. noch: rêts, ebenso nnl. Grimms Gr. III., 95.

Z. 11.] *War* mnd. = *wo* und *wohin*, wie *dar* = da und dahin (Z. 14); ebenso im alts. — Im goth. u. ags. ist hvar = ubi; im mhd. dagegen, abweichend vom mnd., ist bekanntlich wa = ubi, und war = quorsum. Grimms Gr. III., 184 flgd.

Z. 11.] *Wen* = *denn*, nam (quia, quoniam), mhd. wan; ahd. huanta. Vgl. went, Z. 10 u. Grimms Gr. III., 281 u. 282.

Z. 11.] *Broke* = *Verbrechen und Busse des Verbrechens*, im mnd. gewöhnlich. Beide Begriffe berühren sich so nahe, dass sie oft nicht zu scheiden sind. Die Etymologie ist klar: in einer Urk. in Erhard's Landfrieden S. 30 heisst es: Wer echtiged wirt, an deme mak nimant kein *recht gebrechen*. An unsrer Stelle heisst wohl: ane broke = ohne das recht zu brechen; so auch Z. 17: sunder broke. In Z. 16: so scolen se de broke lyden, de de mysdeder lyden scolde, ist es = Busse, Strafe. Diese Andeutung zur Ergänzung von Grimms RA. 657. Vgl. Brem. WB. I., 133.

Z. 12.] *Wynnen* = überführen, beweisen. Brem. WB. V., 265.

Z. 13.] *Leiden* = geleiten, *sicher Geleit geben*. Vgl. wy heren scolen nene rouer odder mysdeder *leyden* odder veyligen, Z. 24. ane veylicheyd und *gheleyde*, Z. 7. so scolen de heren se *leyden* velych to vnde af vor vnrechte wold. Urk. v. 1346. rouere unde bernere scole wy nycht *leyden* odder veleghen bynnen vnsen landen. Urk. v. 1337.

Die Heerstrassen (viae regiae) waren Regal; die Sicherheit des Verkehrs leisteten die Fürsten gegen ein Geleitgeld. Vgl. Idermann, de — — unse straten unde lande besekende werth, — — den suluen scolen unde willen wi

vor scaden stan uppe redelik *leydegelt,* in enem andern unsen brefe hirby gegeuen utgedrucket unde bestemmet.
Vertrag zwischen Brandenburg, Meklenburg und Pommern von 1479 in
Gerken Cod. dipl. VII. 600.
vgl. Brem. WB. III., 47 u. 48.

z. 13.] *Dat recht vt* = bis das Rechtsgeschäft vollendet ist?

z. 13.] *De in den landfrede ru˚rde* = die den Landfrieden beträfen.
Vgl. alle sache die den lantfride *ane rüren.*
Erhard a. a. O. S. 43.
umme misdat, de dessen lantfrede *rorde.*
Lappenberg a. a. O. S. 410.

z. 13.] *Beteghen* = beschuldigt. Tēghen ist regelmässiges mnd. Particip. des starken Zeitworts, dessen Formen sind:
ahd. zihu, zêh, zigan.
mhd. zihe, zech, *gezigen.*
nhd. zeihe, zieh, geziehen.
mit der Bedeutung: *arguo, accuso.*
Vgl. *Grimms* RA. 855.

z. 13.] *Beruchtiged* = *durch Geschrei über handhafter That angeklagt.*
„mit geschrei wurde über den fliehenden übelthäter vor gericht geklagt". Grimms RA. 876 flgd. vgl. 840, 854.

Scriet aver *he dat gerüchte*, dat mut he vulvorderen mit rechte, *wende dat gerüchte is der klage begyn*, Sachssp. I. 62, 1, u. Homeyer Gloss. s. v. gerüchte.

In dem Sternberger Landfrieden von 1351 heisst es: Sunder en *beruchted man, dat lande, luden vnde steden witlike is, dat he vndat dan heft*, de scal der were nycht genyten.

Vgl. Vortmer worden borghere eder koplude — berovet eder voryanghen binnen usen landen, den *rovere scal man volghen mit eneme schrichte* wente vor de veste, dar de rouere vp then, unde dar nicht van, de veste en si tu storet. *Lüb. Landfr.* v. 1334. Vortmer bidde wi vnde manen alle gude lude, houeman vnde husman, dat se *alle mit eneme scrichte volghen*, so wanne se scaden vurnemen, it si rof, vangnisse eder brant; we des nicht en dede, de scal vurboret hebben sines sulues hals. Daselbst.

z. 13.] *Vorboden* = *durch Boten berufen, beschicken.* Vgl. De stat, de sal macht hebben to *verbodene* und daghe to leighene (*per nuncium vocare*).
Haeberlin Anal. 292.

Weme unrechte ghewalt wird ghedayn, de sal dat claghen der stat, de dat inghesegel hevet, so scal de selve stat altuhant breyve vnde *boden senden* deme selven manne, vnde eyschen vnde manen. Ibid. 290.

verbaden. Ibid. p. 347.

mit waraftigen boden *virbotet.*
Dreyhaupt Saalkreis I., 56.

were ok dat unse oeme unser viende iennich to sik *vorbodeden oder veiligeden*. Urk. v. 1372. schole wy unse man vor uns *beboden.* Urk. v. 1337.

Z.14.] *Wold* = *Gewalt*.

Penningsculde = *Geldschuld*.

Z.14.] *Antwerden*.
    1) Verantwortung (Z. 14).
    2) Ueberantwortung (Z. 15).

Z.15.] *Scu°ttet*. Die Handschr. lässt, wie häufig, unentschieden, ob scu°ttet oder stu°ttet zu lesen sei. Ich entscheide mich für *scu°ttet*. — *Scu°tten* = *absperren, einfangen, verschliessen*. Vgl. Brem. WB. IV., 680 N. 4; 681—682; 685 s. v. schutten.
    Daher: *entschütten* = *entsetzen*. De jonnkere bourg was imme lesten orloge van allre bourgmannen *entschüttet*. Cöln. Urk. v. 1310, und mhd. *beschütten*: überdecken, überwältigen. Wigal. 11007.
    Man vergl. das noch lebendige Wort nd. *schütt*: Mühlenwehr. Die jetzige nhd. Form ist wohl: *schützen*.

Z.16.] *Houen* = *auf seinem Hofe beherbergen*.
Vgl. ne *houet*, noch ne huset, noch ne etet, noch ne drenket het.
        Sachssp. II., 40, 2.
houede, husede. Landfr. v. 1355 bei Gerdes.
    In oberdeutschen Urkunden: *heimen*.
husen, noch *heimen*.
        Erhard Landfr. 32.
husen, *heimen*, noch furdern.
        Gerken Cod. Dipl. I., 91.

Z. 17.] *Lyf* = *Leben.* vor dat ly'f stan = das Leben schützen, verbürgen.
Vgl. Homeyer Gl. s. v. Leben.

Z. 17.] *Sluge* = *erschlüge*, nach allgemeinem mhd. Gebrauch.

Z. 18.] *Ane de scutten* = ausgenommen die Schützen. *Ane* Adv. Hier ist die Bedeutung sehr klar durch die Umschreibung: ane de scutten, — de syn dar utgenomen.

Z. 18.] *Verdedingen* = vor Gericht laden?
Vgl. Ok skal vser en des anderen man nicht vordegedingben wedder des anderen willen. Urk. v. 1568.

Z. 18.] *Mer* = sondern, vielmehr, in mnd. Urk. öfter, vergl. Z. 24. (gleich dem griech. δè). Grimm Gr. III., 280 und 244 leitet es von *neware* nisi, ab, welches frühe im mnl. in nemaer und maer, nnl. maar, entstellt sei. Im mnd. scheint aber die Ableitung von mer (magis) näher zu liegen, namentlich wenn man die häufige mnd. Conjunction *vortmér* (δè, ferner) damit vergleicht.

Z. 19.] *Van stade an* = statim, sogleich. Stade (?), mnd. Form, wie stede: Statt, Stätte. Ebenso ahd. in *stati* (statim). Vgl. Grimms Gr. III., 144—149. Mhd. an der stat von diu statt: Stelle. Vgl. Benecke Wigal. s. v. stat.
Vgl. Desse –vrede de scal *hu°de van stade an* staen etc. Urk.

v. 1368. Desse — hulpe — scal *van stade an* stan und waren.
Urk. v. 1369. Were dat — wie darto eyschet worden, so scole wi *van staden* sunder vertoch dar to volghen. Urk. v. 1372.

Oft und *ift* mnd *wenn*.

z. 20.] *Gude lude* (boni homines) ursprünglich = vollkommen *Freie, Freie überhaupt*. Seit der Ausbildung des Städtewesens und der Ritterschaft wird der Ausdruck, im Gegensatz der Bürger und Bauern, von dem *Adel* oder der *Ritterschaft* im Sinne des Mittelalters gebraucht, oder noch bestimmter sec. 14: für *miles, Vasall, man*.
Vgl. Grimm RA. p. 294 und
Dreyer Abhandl. III., S. 1244 flgd.

Bedderue man = *unbescholtene Mann*, „ein nicht ju-„ristischer Ausdruck, der ganz allgemein — — *tüchtig* be-„zeichnet". Grimm RA. S. 294. z. B. in einer Urk.: biderne, *unbeschulden an eren rechten*.

z. 21.] *Sic leddighen* = sich durch einen Eid reinigen.

Hu°lperen = Eidhelfern, Zeugen.

z. 20. u. 21.] *Wynnen* und *weren*. Hier findet sich ein von den gewöhnlichen Verhältnissen abweichender Fall, welcher auf den ersten Blick unklar zu sein scheint. Zuförderst sind die beiden Ausdrücke *wynnen* und *weren* im

Auge zu behalten. *Wynnen* ist was im Sachssp. durch die Formen *verwinnen* und *ouerwinnen* ausgedrückt wird. Es ist der herkömmliche Ausdruck für das Verfahren der *Beweisführung des Klägers* gegen den Beklagten, bedeutet auch wohl: *überführen*.

Vgl. *Sachssp.* I., 64 und 65, §. 1.

Weren bedeutet: sich vertreten lassen, *sich vertheidigen*, und wird gebraucht von der *Exception des Beklagten* (*gewehre*, im Process: *Vertretung*). Sonst findet sich auch wohl: *sich rechtfertigen, entschuldigen, ledigen*, oder vom Vertreter des Angeklagten: *enen unsculdich maken*, und vom Angeklagten: *sich vnsculdich maken*. Lüb. Landfr. v. 1334.

Vgl. *Homeyer* Gloss. z. Sachssp. s. v. *Gewehre*, b. und s. v. *gewehren*.

Das gewöhnliche Verhältniss war, dass gegen angeschuldigte Verletzung des Landfriedens und gegen Klagen über Friedensbruch *sich wehrte*:

der Ritter selbdrei,

der Bürger selbfünf,

der Bauer selbsieben.

Dies war nach Riedel's M. Br. I., 304 gewillkührtes märkisches Recht seit Anfang des 14. Jahrhund. statt der Kampfgerichte.

Vgl. So soll *sich* denn der *beschuldigte* unser *man rechtfertigen selbdritte*, der *bürger selbfünfte* und der *gebure selbsiebende*.

Ludewig Reliq. IX., 553.

Were ok dat of einich *erbar man, bürger* oder *bur* van des *lantvredes* wegen beschuldiget wurde, des mag die *achtbare man mit siner genoten drien*, di *burger mit viuen*, di *buwer mit siuenen* siner genoten sik entschuldigen mit den rechten.

Gerken Cod. dipl. I., 168 u. Anmerkg.

Vgl. *Riedel's* Mark Brandb. I., 394, u. *Grimm's* RA. 859 flgd.

So war das Rechtsverhältniss nach märkischem Recht überhaupt und bei *Beschuldigungen, welche erst bewiesen werden mussten*, und gegen welche sich der Beklagte noch vertheidigen konnte. Anders verhielt es sich nach sächsischem Rechte bei der Anklage von Verbrechern, welche „*mit der hanthaften dat*" gefangen wurden, oder, wie unsere Urkunde sagt, bei der Anklage der „*beruchtiged man*", d. h. der „*rouer odder mysdeder*", welche mit Zetergerücht „*upgeholden*" (ertappt und gefangen) wurden. Diese sollten, nach sächsischem Rechte, von Seiten des Klägers durch sieben Zeugenaussagen des Verbrechens überführt sein.

Svene man mit der handhaften dât veit, also, alse he gevangen wirt, also sal man yne vor gerichte bringen, vnde selue seuende sal yne die klegere vertügen. Also dvt man den veruesten man, of man die dât getücht, dar vmme he veruest wart.

Sachssp I., 66, §. 1 u. 2.

Vgl. ein ähnliches Verhältniss:

Es were denn das sie sich *ledigten*, als recht ist: ein *unberucht man selb dritte* siner genoszen, und der *beruchte selb sibende*.

Dreyhaupt's Saalkreis I., 76.
Vgl. *Homeyer* Gloss. s. v. Handhafte that.
Eichhorn DSt. u. RG. §. 384 u. 382.

Nach unserm Landfrieden soll aber der *beruchtiged man* der *were* gar nicht geniessen können; überführen (winnen) soll man ihn jedoch durch Zeugenbeweis, aber nicht nach dem sächsischen Recht durch sieben Zeugen, sondern nach dem Verhältniss der märkischen *were*. Es lässt sich hierin eine sehr befriedigende Rechtsansicht nicht verkennen. Der angeklagte *miles* brauchte gewöhnlich zu seiner Vertheidigung nur zwei Helfer zu stellen; nach unserm Landfrieden sollte er sich aber, wenn er über der That gefangen war, gar nicht vertheidigen können, vielmehr hatte der klagende miles gegen seinen verbrecherischen Standesgenossen nur zwei Zeugen aufzuführen, der klagende Bürger dagegen vier, der klagende Bauer sechs, um die Klage bis zum Urtheil reif zu machen. Dadurch war freilich der klagende miles bevorzügt, aber gewiss nicht der angeklagte „berüchtigte" miles, gegen den der Kläger sonst nach sächsischem Rechte sechs Zeugen stellen musste, die offenbar schwerer zu finden sind, als zwei. Die Gerechtigkeit dieser abweichenden Satzung in unserm Landfrieden liegt darin, dass die Zahl der Zeugen nach den verschiedenen Standesverhältnissen von der *were* auf das *winnen* übertragen ward und alle Rechtswohlthaten, welche sonst dem Beklagten zustanden, diesem genommen und dem Kläger gegeben wurden. Die einzige Rechtswohlthat für den Beklagten war, dass sein Kläger die standesmässige Zahl von Zeugen gegen ihn schaffen musste.

So sollte es gehalten werden mit dem, welchen man bei der That fing. Würde aber ein ehrenhafter (*bedderue*) *Mann* vor Gericht eines Verbrechens beschuldigt, so sollte ein solcher sich allerdings vertheidigen (*weren*) können, aber *mit elf unberüchtigten Ehrenmännern* (sulf twelfte) als Eidhelfern. Hier sollte offenbar die Analogie der *wichtigen Rechtssachen* gelten, in welchen seit alter Zeit die Zwölfzahl der Schöffen und Zeugen herkömmlich war.

quod si *parua res* fuerit, *septem testibus* firmetur; si autem *magna, duodecim* roboretur. *L. Ripuar.*

Vgl. *Kraut* d. Pr. R. §. 256, N. 1 u. 4.
Grimms RA. 777 u. 859 flgd.

Were dat ienich man umme misdad *gesculdeghet* worde, de dessen *lantfrede* rorde, des he vursoke, des mochte he unsculdich werden *sulf twelfte* user umberuchteden man uppen hilghen.

Lappenberg a. a. O. 410.

z.23.] *Wedem* = unbewegliches Gut der Kirche (vgl. dos ecclesiae), mit den Pfarr-Gebäuden (von widmen = schenken).
Vgl. Brem. WB. V., 215.

z.23.] *Su°nder* = ausser.

z.23.] *Trëcke* und *reise*. *Trecke* = Zug, Kriegszug, *agmen*, in Urk. *expeditio*. *Trecke* ist ein niederdeutsches Wort. Die nd. Sprache hat für den Begriff von „ziehen" zwei Formen:
tëhen, tôg, tägen = *ducere* (ziehen, zog, gezogen), und
trëcken, tröck, trëckt, (trocken) = *trahere*..
Von beiden starken Verben ist nun *tëhen* (in Urk. auch *tyen*) = ziehen, *ducere*, mehr abstracter, — trëcken = *trahere*, mehr concreter Bedeutung; die Identität beider niederdeutscher Formen mit den beiden lateinischen leuchtet auf den ersten Anblick ein. Wie noch jetzt, ist auch wohl im mnd. die Form *trëcken* vorherrschend gewesen; jedoch fängt *trëcken* im Meklenb. schon an schwach conjugirt zu werden. — Das Substantiv *trëcke* ist im Meklenb. jetzt wohl untergegangen; dafür ist eingetreten *tog* aus *zug* von *ziehen*; jedoch existirt noch allgemein *dat geträck* (das Ziehen). Vgl. *Brem. WB.* V., 102 flgd.; *Frisch DL. WB.* Ausserdem findet sich das Verbum auch im Niederländ.: *trëke*, *trac*, *traken* und *troken*. *Grimms Gr.* I., 975. — Obgleich das Wort ganz niederdeutsch zu sein scheint, so finden sich doch im Mittelhochdeutschen und noch im Oberdeutschen einige Spuren:

— — — — — durch die stat
Der held begunde *trechen.*
Parc. 15, b.
Daz hêr begunde ouch *treken* fort.
Parc. 86, b.
manege baniere niuwe
sach Gawan gein im *trechen.*
Parc. 158, b.
manech schilt darnach *getrechet.*
Parc. 190, a.
Darnach muose ouch *get(r)echet* sin
Aht ors mit zindale.
Parc. 5, a.
Ferner im *Tristan* und in *Man. Samml.* öfter *betrecken* = *bedecken* (*beziehen?*). Vgl. noch *Grimms* Gr. I. 939; *Stalder* Id. u. *Hoffmann* FG. Gloss.

Was den Begriff des Wortes *trecke* betrifft, so wird er besonders der der *Heerfolge*, des *Aufgebots* sein, welche lat. durch *expeditio* und oberdeutsch, jedoch auch niederd., durch *reise*, *reisa* ausgedrückt wird, beide als subordinirte Begriffe von *Krieg.*

Vgl. *reisam* vel *expedicionem.*
Rudloff's Urk. Samml. p. 3.
in *expeditionibus*, que *trecke* dicuntur.
Lappenberg a. a. O. II., 739.
Ok scal nymant samenunge odder nedderlage hebben, sunder unse eyghene *reyse vnd trecke.*
Ungedr. Stettiner Urk. v. 1361.
Si denique contigerit, dominum nostrum habere *guerram* cum quocunque et si opus habuerit de castro praedicto ad *expeditiones* sive *reysas* inde faciendas.
Kraut deutsches Pr. R. §. 169, Nr. 7.

Merkwürdig ist folgende Stelle aus einer ungedruckten Stettiner Urk. d. d. Friedland Mittwoch vor Mittfasten 1372. Des scole wi in dessem *krig* vu"ren to ysliken *trekken* seshundert riddere vnd knechte. — vnd vnse oeme scolen vu°ren to den suluen *trekken* vif hundert riddere vnd knechte. — vnd in den *trekken* scal en yewlik den sinen vor schaden stan. — vnd ut den *trekken* scal unser neen van dem anderen van dem velde *tyen*. — Und were dat wi in dessen *trekke* vromen nemen, — den scolen wy deylen. — — Wer ok dat vnse vorben. ome eyscheden to volghende to sunderghen anderen *reysen* ieghen vnse vorben. vyende, so seole wi en dar to — volghen; — — de sal em koste gheuen, — de wile he in siner *reyse* is. — — de in unsen *krich* komen mit vnsen vienden u. s. w.

Hier sind *trecke* und *reise* in derselben Urk. abgesondert von einander gebraucht. Wenn sie sich unterscheiden, so möchte *reise* = *Kriegsrüstung, expeditio,* und *trècke* = *Heereszug, agmen* bedeuten. — Ueber *reise* und *folge* vgl. *Grimms* RA. 295.

z.23.] *Dar bouen* und *dar ouer don* = darüber, dawider thun.

z.28.] *Kyf* = *Streit* (contentio, lis, rixa). Das Wort scheint vorherrschend niederdeutschen Gebrauches gewesen zu sein.

Vgl. were dat — wie in *kiue* vanghenen vinghen. Urk. v. 1328. worden ok van ghenen an *kyve* vanghen. Urk. v. 1331. were dat de stede jencghen *kyf* verloren.
Lappenberg a. a. O. p. 493.

In einem plattdeutschen Volksgedichte heisst es:
— — — hertog Barnam
Id is en klene man von lyve,
Averst een held im *kyve*.
Sell Pommersche Gesch. II., 96.

In nd. Glossen von 1525 heisst es:
in conténcione et emulacione == in *kyïë* vnde hate.
Kiffaftig, tweleftig unde schelafftig.
Abhandl. der Köpenh. Gesellsch. ed. Heinze I.342.

Auch mhd.: der wil behuten sich vil maniges *kybes*.
Rumelant in Jen. MGB. p. 18, v. 24.

Schwed.: *kif* (rixa), *kifwa* (rixari), nhd. *keifen* (rixari).
Vgl. Brem. WB. II., 777, flgd.
Frisch DL. WB. s. v. kiefen.

z. 28.] *Schelinghe.* Der Stamm dieses Wortes ist in den niederdeutschen Mundarten noch völlig lebenskräftig. Vorzüglich ist noch ganz klar das Verbum impersonal gebraucht: *dat schélt* oder *schált* (verschalt) *vél* oder *nicht* == das trägt viel oder nichts aus, die Differenz ist nicht gross. Vgl. über diese Wortfamilie *Brem.* WB. IV., 628 flgd., *Dähnert* Plattd. WB. s. v. schelen, *Richey* Id. Hamb. und *Schütze* Holst. Id., *Frisch* DL. WB.

In Urkunden kommt vor:
1) *schelen* == fehlen, schaden (intrans. impers.), *differre, discrepare.*

wat de vorbenomeden vorsten (schiedsrichter) spreken unde heben du°n, dar scal it bi bliuen. Wer et ouer, dat desser vorbenomeden vorsten welk krane worde binnen desser benomeder tid, dat scaľ dar nicht ane *scheëlen* (soll daran nicht schaden).
Ungedr. Stettiner Urk. v. 1346.

were datz hertoch barnym *schelende* (uncins) worde mit den vrunden unser man.
Ungedr. Stettiner Urk. v. 1331.

is ghededynget um alle tvydracht und *schelinghe;* — und wurden die tvydrachtech und *scelende* an deme rechte.
Ungedr. Berliner Urk. v. 1325.

2) *schele* = Uneinigkeit.
in *schele* und zeweitrachte.
Schoenemann Cod. dipl. II., 161.

schele, gebrechen.
Gerken Cod. Dipl. VIII., 596.

3) *schelinghe* = Ungleichheit, Unterschied, Uneinigkeit, Irrung, gebildet wie die nd. huldinghe, eininghe, volghinghe, bewisinghe, begeringhe, betughinghe, u. a.

de *schelinghe* to *likende* (den Unterschied auszugleichen).
Ungedr. Stett. Urk. v. 1306.

de *schelinghe* scal up uns stån (sc. auszugleichen).
Ebenso v. 1328.

Vortmer seal vnser ghiwele deme anderen gheuen sine *schelinghe an ener schrift* besegelt (Verzeichniss dessen, was ihm zur Befriedigung seiner Forderung noch fehlt).
Ebenso von 1346.

kumpt *schelinghe* tuschen unser beider man.
Ebenso von 1331.

were dat ymand *kyf* odder *schelinghe* makede an der heruard.
Ebenso von 1361.

orloge, twidracht edder schelinghe.
Ebenso von 1331.

In jüngerer Zeit scheint das so sehr beliebte Wort *Irrung* an die Stelle von *schelinghe* getreten oder als supplirendes Synonymon hinzugefügt zu sein.

Irrung und schelung.
Gerken Cod. dipl. VIII., 593.
Irrung und zwiespalt.
Kraut d. Pr. R. §. 294.
Gebrechen, zweitracht und Irrungen.
Lentz Marggräfl. Urk. 590.

Z. 28.] **Maynliken** = gemeinsam.

Z. 29.] **Dry stund** = drei Mal.
stund, mhd. ganz gewöhnlich: Mal.
Diese drei Mal jährlich bestimmten Zusammenkünfte sind allgemeine Landfriedensgerichte, nach Analogie der jährlichen drei ungeboden ding, welche allen germanischen Völkern eigenthümlich waren. Vgl. Grimms RA. 822 flgde. Auch die Zeiten dieses Landfriedensgerichtes stimmen ungefähr mit den Zeiten der allgemeinen Landgerichte überein. Wenn auch diese in Deutschland ungefähr in dieselben Zeiten fielen, so waren die Tage, selbst die Monate nicht überall gleich. Die in unserm Landfrieden bestimmten Zeiten scheinen aber bis auf heute in Meklenburg immer Termine gewesen zu sein: Gallen, Fastnacht, Pfingsten. Diese Sache verdiente eine genauere Untersuchung.

Zu bemerken ist noch, dass die Fürsten dieses Landfriedens persönlich zusammentreten wollen, und nicht, wie ausserhalb Niederdeutschland oft geschah, einen **Landfriedensrichter** bestellten.

Z.32.] *Eer* dessem lantfrede.
Eer Praep. c. dat = vor.
Vgl. er desser tyt.
Lappenberg a. a. O. S. 409.
eer S. Johannis dage.
Dober. Urk. v. 1390.
Vgl. *Grimm's* Gr. III., 98 u. 270.

Z.36.] *Ty̆n* und *teen* oder *thén* = ziehen, kommt häu fig vor. Zur Erläuterung vgl. *in den lantfriden czu czihen vnd czu nemen* alle die vns dunken dorczu nucze vnd bequeme.
Erhard Landfr. 39.

Z.36.] *Na mantal.* Hierbei ist zu ergänzen: na mantal gewapinder luede, de denne darmede up dem velde weren.
v. Spilcker Geschichte der Grafen von Everstein. S. 377.
nach mantal gewapender lude, die wye beyden czyt dar bi hebben.
Gerken Cod. dipl. I. 86.
die denn gemwertig uff dem felde sien, so man den fromen nymmet.
Ibid. 93.
nach der manzal, die da helme hetten.
Ungedr. Erfurter Urk. v. 1330.

Bemerkung zu der Urkunde N°. II.

Tigen.

Tegen oder tigen (tyeghen) = *gegen*.
Vgl. *Brem. WB.* s. v. tegen.

Niederdeutsche Contraction aus to gegen (zugegen, ad. zegagene), wie entgegen (ingagen).
ad. zegagene.
ags. tô gegnes.
alts. te gegnes.
altfries. tôjenst.
Vgl. *Grimms Gr.* III. 266.
Frisch DL. WB. s. v. gegen.

Vgl. vnd willen ore lande vnd lude getruweliken helpen schutten und weren *tigen* allermallken, besundern roff und name willen wi on helpen weren getruweliken *tigen* allermalleken.
Gercken Cod. dipl. I. 87

Es wäre aber auch möglich, dass *tigen* (wie *neben* aus *eneben*) aus *entiegen* (*entgegen*) verkürzt wäre. In einer mnd. Urk. steht: dede dar we *entiegen*, und noch 1472: vnd hier *entiegen* vorandtwortunge disses breues.

Im 15. Jahrhundert findet sich in denselben Urkunden neben *tigen* häufig *entiegen* (ja selbst *ent-tegen*).

Made in the USA
Monee, IL
03 May 2026